图说世界财经·金融普及读物

文明古国财经故事

⑥

长矛与步枪：非洲金融热战

江晓美 著

中国科学技术出版社

·北京·

图书在版编目（CIP）数据

长矛与步枪：非洲金融热战/江晓美著. —北京：
中国科学技术出版社，2011.9
（文明古国财经故事）
ISBN 978-7-5046-5915-6

Ⅰ.①长… Ⅱ.①江… Ⅲ.①经济史－非洲－通俗读物
Ⅳ.①F140.9-49

中国版本图书馆 CIP 数据核字（2011）第 167298 号

本社图书贴有防伪标志，未贴为盗版。

责任编辑：王明东
封面设计：何亚虹
责任校对：林　华
责任印制：王　沛

中国科学技术出版社出版

北京市海淀区中关村南大街 16 号　邮政编码：100081

电话：010-62173865　　传真：010-62179148

http://www.cspbooks.com.cn

科学普及出版社发行部发行

北京玥实印刷有限公司印刷

*

开本：787 毫米×960 毫米 1/16　印张：5　字数：80 千字

2011 年 9 月第 1 版　2011 年 9 月第 1 次印刷

印数：1—5000 册　　定价：15.00 元

ISBN 978- 7-5046-5915-6/F・725

（凡购买本社图书，如有缺页、倒页、
脱页者，本社发行部负责调换）

长矛与步枪的较量

图片故事：阿杜瓦战役的胜利，1896 年 3 月 1 日

在第一次意埃战争中，埃塞俄比亚人民战胜意大利侵略者的阿杜瓦战役（毛毯画）。这次反帝、反侵略、反殖民主义的正义战争，为埃塞俄比亚争取了几十年的和平。这场战斗的赢家无疑是埃塞俄比亚人民。这场金融热战的过程复杂诡异，迷雾重重。

图片故事：史前埃塞俄比亚帝国的说法并不可信

《圣经·旧约》、文艺复兴羊皮书和亚述学缔造了一个完整的宗教历史体系，其中埃塞俄比亚被解释为史前犹太神国的分支。真实的埃塞俄比亚是尼罗河沿岸的一个部落群体。埃塞俄比亚的国家雏形，不会早于 8 世纪。图为埃塞俄比亚首都——亚的斯亚贝巴的街景。

一、19 世纪的国际金融背景

19 世纪，意大利殖民者侵略埃塞俄比亚的金融背景非常复杂，与全球资本凝结的战略过程息息相关。19 世纪，欧洲资本体系发生了深刻的变化，概括起来，大致有以下几个方面。

（一）罗思柴尔德金融僭主体制的确立

19 世纪，第一代金融僭主美第奇家族被第二代金融僭主罗思柴尔德家族替代，这一过程标志着德国法兰克福银团或称德国法兰克福犹太光照会银团逐渐在欧美世界形成了资本垄断。这个体系的最上端是跨国金融僭主罗思柴尔德家族。

文明古国财经故事⑥

图片故事：历史上的埃塞俄比亚（1）文艺复兴之前无考

"埃塞俄比亚是具有 3000 年文明史的古国。早在公元前 975 年，孟尼利克一世就在这里建立了努比亚王国。公元之初，这里兴起的阿克苏姆王国曾是非洲伟大的文化中心"（注 1）。这个说法很常见，却是神学和近代历史的大杂烩，不是历史本身。

图为埃塞俄比亚欧洲风格的建筑。这是殖民统治的历史遗迹。

美第奇家族利用古典共济会、罗思柴尔德家族缔造了现代光照会的跨国金融情报体系。两者相比，后者更加愚昧、偏执和疯狂。现代光照会具有明显的政教合一、公私合一、欧美合一、金融情报合一等一系列的"优势"，它们共同的特征为：世袭家天下体制。

（二）资本的不断凝结彻底扼杀了资本主义的萌芽

1．哲学与实践

资本主义是一种客观存在，学术界对资本主义及其衍生概念的定义，全部可以归入两个理解层面和两个理论体系。从理解层面而言，分为学术体系和庸俗世界观体系，后者简单地把资本主义理解为私有制或各色主观想要得出的结论。

图片故事：历史上的埃塞俄比亚（2）落后的游牧经济与分散的部落政治

史前犹太神国的说法属于神学。东汉时期，非洲最先进的国家条支是汉朝的附属国。甘英游历非洲时，尚无埃塞俄比亚的相关记载。埃塞俄比亚没有可靠的史书，从殖民历史的记录来看，19世纪的埃塞俄比亚尚属游牧经济和小农经济的混合体。截至2001年，埃塞俄比亚的游牧经济依然占国民生产总值的20%（注2）。

图为埃塞俄比亚联邦民主共和国的国旗（注3）。

从理论体系而言，分为马克思主义政治经济学和华尔街学术体系。从根源上说，两者都与早期欧洲跨国垄断金融资本的活动，有着或多或少的关联。政治经济学缔造初期，为了回避一些复杂的矛盾，也受到哲学象牙塔思想的桎梏，经济描述过于抽象和哲学化。

这给后来的社会主义实践带来了一系列的挑战，政治经济学如果不与各国实践相结合，不与各国民族主义相结合，就会流于空想、教条，甚至失败。苏联等社会主义国家的失败与有中国特色社会主义的成功形成了鲜明的对比。

2．抽象与具体

华尔街的金融、经济、政治理论和教学体系，逐渐演变为金融战的欺骗与情报体系，其与真正的金融、经济和政治理论渐行渐远，荒谬日甚。华尔街中情局"一一四六体制"（参见《美联储"小雇员"："欧元之父"蒙代尔》）的成熟，从根本上消灭了在欧美诞生真正经济学的学术土壤。

图片故事：埃塞俄比亚的示巴女王（1）宗教历史化

"所罗门与埃及王法老结亲，娶了法老的女儿为妻，接她进入大卫城，直到造完了自己的宫和耶和华的殿，以及耶路撒冷周围的城墙"（旧约·列王记，3.1）。这就是现代所谓的史前埃塞俄比亚历史的源头。这个和上帝住在一起的法老的女子，被解释为非洲女人示巴，即示巴女王（图）。

图为1890年，英国犹太光照会成员 E.J.彭特（1836～1919）受雇于罗氏，在巴黎绘制的示巴女王会见犹太所罗门王的宗教油画。这些是神学，不是历史。

在这种复杂的情况下，无论是政治经济学，还是华尔街学术体系，都没有从实践层面具体界定资本主义和市场经济的概念。资本主义似乎成了一个哲学和意识形态层面的概念。事实并非如此。

资本的凝结，尤其是19世纪金融僭主对欧美信用供给特权的掌握，让欧美社会的资产阶级逐渐沦为代理人和工头，这个过程逐渐从广义转向狭义。跨国金融僭主的出现，从根本上终结了资本主义的自由竞争阶段，即所谓的"自由资本主义"；摧毁了市场经济存在的基石；动摇了私有制大厦的地基；剥夺了资产阶级存在的生产力依据。

图片故事：埃塞俄比亚的示巴女王（2）法老和所罗门

古埃及并没有过法老，罗思柴尔德家族编造的伪史控制了欧美的学术界，约定俗成把古埃及的国王称为法老。7世纪以前的中东地区乃至非洲的条支，都是中国的领土。中东的大卫王、所罗门等犹太历史是神学的产物。这里必须强调一点：古希伯来人在罗马国教时期，是指信教获救，受到神宠爱的"神的选民"。后期的犹太教和共济会只是借用了犹太人和希伯来语的概念，犹太教和共济会的出现比罗马国教晚得多。

图为1869年，彭特交付给罗氏家族的油画作品《埃塞俄比亚公主》。罗氏依此宣传共济会神话与埃塞俄比亚的关系，罗氏据此成功地在埃塞俄比亚建立了长达百年的金融宗主体制。埃塞俄比亚公主被描绘成白种人，是犹太人的非洲后裔。真正的犹太人是组织和宗教概念，根本就不是种族概念。

图片故事：埃塞俄比亚的示巴女王（3）不同肤色的犹太人

图为1867年，彭特交付给罗氏家族的油画《以色列人在埃及》。这里的以色列人，即油画中的白色的推车人，指"旧约"中的史前犹太神国的犹太人。我国正史对汉朝在中东和北非的管理权有过明确记载。史前犹太国、史前罗马帝国都是神学的说法，出自"圣经"。

"旧约"的说法衍生出了"黑犹太"的概念。近些年来，一些更加荒谬的伪史，编造出了黄种犹太人的说法。在共济会体系中，白种犹太人是最高级的人。一些共济会扶植的欧美政客，看起来是非洲裔，却自认是"黑犹太"，而不是黑人。个别亚洲裔，自称"黄犹太"。

犹太人是犹太教信徒形成的特殊群体。共济会体系把"非白种犹太人"看成吸血鬼种族的人类奴仆，这是一种人文层面的自卑和自欺欺人。犹太人的源头不是白种人，而是被欧洲主流社会排斥的中东移民和金融奴隶。

3. 奇特的历史现象

金融僭主体系逐渐走向了资本主义生产关系的反面，苏联等社会主义国家的失败，在很大程度上要归结于苏联把西方社会的资产阶级抽象化、哲学化的战略误判。

这等于给苏联等社会主义国家树立了一个已经不复存在，也就无法战胜的对手，也就彻底忽略了实践层面无处不在的金融僭主体制和其华尔街"——四六体制"的金融战触角。

图片故事: 金融主义与代理人体制

（1）特沃德罗斯二世（1818～1868）的兴起

埃塞俄比亚的现代形成于 19 世纪。那种"埃塞俄比亚是几千年的文明古国，存在犹太皇族体系"的说法是宗教历史化的产物，不是真实的历史。

这片地区有很多部落，部落之间语言不统一，也就无所谓认同。殖民主义的入侵，缔造了埃塞俄比亚的现代版图。

图为特沃德罗斯二世的十字权杖。有人说，它是来自罗思柴尔德家族的礼物。虽有待考证，但这个说法也不见得是空穴来风。当时这里没有基督教文化，主要信仰是部落各自的原始宗教，十字架的图案还很罕见。

真正的市场经济和资产阶级恰恰存在于，或可能存在于工业化尚未彻底完成的第三世界国家和工业化水平相对落后的苏联等社会主义国家内部。这些国家要么走向社会主义，要么走向金融僭主体制下的新殖民主义，没有所谓"资本主义"的第三种选择。

这个奇特现象的本质是资本凝结的物理结果。

4．金融僭主体系的完善

罗氏缔造的金融僭主体制，发明了一个间接甚至直接操纵各国生产力诸元的金融情报网络——央行体制。这个体制通过赤字国债骗局、本位骗局和独立央行骗局，深刻地、"独立地"控制着各国的预算，托管着各国的国库。央行体制本身就是新殖民主义。

有了这个高效的金融战工具，罗氏可以遥控各国看似独立的政府和经济，任意实施世界政府的全球化图谋。一个丑恶的、倒退的、拜魔鬼教的跨国金融僭主世袭家天下体制，隐约成了西方社会的方向和欧美政要的共识。

图片故事：金融主义与代理人体制（2）跨国金融资本与埃塞俄比亚

19世纪，药材买办家庭的子弟特沃德罗斯，得到了一笔不明来源的资金。他组织了一个武装队伍，穷人很多，越滚越大，击败了诸多部落。1855年2月5日，特沃德罗斯称帝，史称特沃德罗斯二世（图）。1856年，他击败了买办化的绍阿部落。至此，一个统一的埃塞俄比亚，第一次出现在历史中。图为《特沃德罗斯二世与听众》（版画）。

二、19世纪，意大利殖民主义盲动的背后

意大利的近代演变，大致有三个阶段：

第一阶段　改朝换代

意大利在古代并不是一个国家，而是跨国金融资本控制下的一块金融飞地。这时的意大利地区掌握在美第奇银行手中。

第二阶段　从稳定到扩张

第二代金融僭主替代了美第奇银行的地位，1800年法兰西银行建立。法兰西银行是法国央行，却因为拿破仑帝国的缘故，控制着意大利地区的信用供给。拉丁货币联盟（1865～1927）、洛希尔银行对法兰西银行的控股、法兰西银行打败其他"特许银行"等因素，让罗氏体制从稳定走向扩张。

第三阶段　全球化运动的实践和金融僭主家天下体制的实践

图片故事：金融主义与代理人体制（3）《非洲的白人英雄》

围绕特沃德罗斯二世，共济会编造了很多伪史。所谓的"特沃德罗斯一世"，被解释为1413年犹太王所罗门统治埃塞俄比亚的正统后裔。沃德罗斯二世的说法，本身就耐人寻味。

1890年，锡安长老会出版了一个小册子《非洲的白人英雄》，作者是犹太光照会成员斯坎莫。图为插图《特沃德罗斯二世与听众》的局部特写，背景是"路西法"即魔鬼撒旦的图案"光照者"。所谓"白人英雄"是在暗示埃塞俄比亚是犹太人的领土，这种把戏与亚述学的巴比伦考证、"摩门经的美洲历史"相同，都是宗教骗局。

从1800年开始，直至1893年意大利信用危机爆发和《意大利央行法》（1893）的颁布，罗氏确立了从法国到意大利的欧洲金融霸权。此时，澳大利亚金融资本微不足道，牢牢控制在苏格兰银团手中，罗氏根本无须与之直接对垒。美国已经是犹太金融僭主的家天下领地。这时亚洲的中国和日本，都建立了罗氏控股的央行体制，托管了国库、货币和外债。英国和东印度公司的殖民地，逐渐控制在罗氏金融贩毒集团手中。

沙皇俄国的央行和石油、原材料工业牢牢控制在罗氏手中。19世纪后期，罗氏在欧洲取得垄断性的金融优势后，下一个目标就是非洲。

图片故事：金融主义与代理人体制（4）资本兼并的失败者——东印度会

19世纪中叶，苏格兰银团（包括威尼斯银团的遗脉）逐渐式微，其控股的武装银行——英国东印度公司，从1858年开始失去了垄断特许状。世界毒品贸易逐渐被罗思柴尔德家族控制。

这场斗争并未结束，东印度会作为一个政治沙龙延续到今天，位于伦敦圣詹姆士广场16号。这个机构一直遭到打压，1938年陷入破产境地，后被华尔街控股，成了一个控制英国政要家族的高级金融情报机构和共济会分支。图为东印度会的徽章。

三、如何客观评价非洲

非洲经济落后，语言文字原始，也没有可以考证正史记载的历史。埃及文明与中华文明关系很深，非洲的部落很原始并自成体系，不单纯是贫穷的问题。中东也有类似的部落政治痼疾，但中东的部落政治是游牧经济，从上层建筑的历史沉淀来看，非洲则是一片文明的沙漠。

人们在同情非洲人民遭遇的同时，也要看到非洲的落后与原始，这种落后与原始，深刻地保护了非洲的金融体系。古埃及国在条支和南大食时期，与中国的经济、政治、军事、文化、贸易等多层面互动，让非洲的北部地区和撒哈拉沙漠以东的沿海地区，出现了一个相对先进的非洲文明。

欧美殖民者延续着文艺复兴羊皮书描述的"圣经历史体系"，在侵略和压制非洲人民的同时，蓄意编造了一个看似辉煌的"上古非洲历史"，这种贬低非洲人民的不断进步和非洲历史的"旧约化"都脱离了非洲真正的历史。

图片故事：金融主义与代理人体制（5）第一代代理人的命运

让东印度公司失去特许状，是罗氏家族的巨大胜利。1867年10月，苏格兰银团终于按捺不住，动用银行武装从印度直接攻打罗氏家族在埃塞俄比亚的代理人特沃德罗斯一世。这次武装摊牌，让罗氏家族措手不及。英国皇室坐山观虎斗，默认了"英埃战争"的爆发。战斗持续到1868年，东印度公司的银行武装杀了特沃德罗斯一世全家。正史一般说，特沃德罗斯一世"自杀"，其妻儿"病故"。

图为第二代代理人，孟尼利克二世（1844～1913），1913年的画像。

四、长矛战胜步枪的背后

（一）背景

19世纪末，罗氏开始推动名为全球化的新殖民主义思潮，新殖民主义思潮的本质是世界政府化和金融僭主世袭家天下体制的全球化。从实践层面来说，僭主家族推动的新殖民主义客观上冲击了资产阶级主导的旧殖民主义体制，引发了殖民者与被压迫民族之间、殖民者之间的尖锐斗争。

1895～1896年，意大利政府依托步枪、火炮武装的侵略兵团和意大利殖民地的基地支持，悍然入侵非洲的埃塞俄比亚，这场轰轰烈烈的侵略战争，最后以意大利政府的投降告终，喜剧般地收场了。

图片故事：金融主义与代理人体制（6）第二代代理人——孟尼利克二世

苏格兰银团的武装摊牌和罗氏家族的坚定反击，让埃塞俄比亚局势陷入一片混乱。埃塞俄比亚出现了20年的内战局面，罗氏家族曾经秘密收养了一个11岁的小男孩，说他是早就灭亡的绍阿部落的继承人。1865年，把其秘密培养为影子代理人。

图为埃塞俄比亚首都亚的斯亚贝巴的狮子雕像。

（二）尺有所短，寸有所长

1．意大利的优势

（1）金融优势

罗氏跨国金融僭主集团的大笔贷款，让意大利有充足的战争经费。长期看，这些无疑会变为意大利人民的金融绞索，却会让意大利代理人集团更加受宠，不论胜败。

（2）军事优势

意大利政府拥有强大的现代化军队，19世纪末的火器已经大幅进步，超越了临界点。这时的火器已经彻底超越了弓箭和长矛，19世纪初尚不是这样。这无疑是意大利殖民者傲视非洲的本钱。

（3）欧洲殖民概念的优势

欧洲殖民者钩心斗角，面临被压迫民族反抗的时候，又会默契地沆瀣一气，相互维系。这给意大利提供了一定程度的政治保护和外交保护。这样意大利在欧洲舆论领域，并没有面临太大压力。

图片故事：金融主义与代理人体制（7）资本的斗争

埃塞俄比亚的内战，无疑是代理人战争，但也让跨国银团受到不可避免的损失。经过漫长的斗争与协调，1889 年，收养的小男孩登基，史称孟尼利克二世。孟尼利克二世本人和罗氏银团并不张扬，灵活务实。失败的苏格兰银团损失惨重。

跨国银团的代理人战争，给埃塞俄比亚人民带来了深重的灾难。金融殖民主义体制的长期剥夺，让埃塞俄比亚陷入空前贫困，饥荒不断。

图为埃塞俄比亚首都亚的斯亚贝巴的贫民区。

2. 埃塞俄比亚的优势

（1）地理优势。埃塞俄比亚人民是在熟悉的土地上进行反侵略战争。

（2）被压迫者对殖民主义者有切肤之痛。埃塞俄比亚各部落比较团结，实际上打了一场反侵略的人民战争。

（3）埃塞俄比亚的传统或称原始冷兵器军团比较精锐。涂抹了生物碱的弓箭在几十米的距离内，尤其是自上而下，其杀伤力并不比枪弹弱。半自动步枪、自动步枪、冲锋枪、现代机枪并没有出现在这场战斗中，这是一场传统冷兵器战胜热兵器的临界点战争。

在一场现代自动步枪和传统弓弩之间的较量中，冷兵器一方必须依靠和制造特殊的战场条件；战斗意志足够坚强到能够承受几十倍于敌的伤亡，并配合人民战争和游击战等正确的战略和战术。否则，弓弩和长矛必然败于自动步枪。

图片故事：金融主义与代理人体制（8）历史的迷雾

图为孟尼利克二世在阅兵（版画）。只有在了解了他的身世后，才能对第一次"意埃战争"中长矛对步枪的胜利，有一个全面、深刻，甚至是崭新的认识。这种认识，甚至可以拓展到整个"殖民主义时代的结束"和"非洲民族国家的兴起"。

Le Négus Ménélik a la bataille d'Adoua

（三）战略后果

1．40 年的和平

埃塞俄比亚的战士们付出了 3 倍，甚至 5 倍于侵略者的伤亡代价，迫使侵略者投降，这为埃塞俄比亚争取了近 40 年的和平和独立。埃塞俄比亚人民没有过早地经历殖民主义大屠杀的血与火，一度成为非洲最富裕的国家之一。这也使其成了跨国银团的眼中钉，肉中刺。近代埃塞俄比亚的贫穷，源自华尔街发动的埃塞俄比亚金融战役。

2．确立了"世界大战的必然性"

意大利侵略者的惨败，让罗氏金融僭主集团经历了一系列错综复杂的战略反弹。欧洲各国资产阶级的实力尚在，代理人化的程度不足，如果没有一场或者一系列足以削弱资本主义社会和资产阶级，乃至人类社会的毁灭性战争，人们就不会满足金融僭主世袭家天下体制抛出的"和平骨头"的诱饵。这就是19世纪世界日趋战乱，而21世纪"世界日趋和平"的生产力本质和历史真相。

非洲金融战役

图片故事：代理人与货币发行权（1）失落的绍阿部落与邵阿金融买办

绍阿部落早已失落，有待考证。18 世纪末，埃塞俄比亚兴起的绍阿金融买办是罗氏在埃塞俄比亚扶植的第一央行体制。这个体制推行罗氏拥有的巴黎铸币厂的泰勒银币（图，银币正面）。

18 世纪末，非洲部落经济尚处于比较原始的阶段，物易物通行，不使用货币。老百姓很少接触银币，商业领域使用的是泰勒银币标价的洛希尔银行汇票。这种以金银本位汇票为大额货币的私有货币模式，在欧洲延续到 19 世纪末。

图片故事：代理人与货币发行权（2）罗氏货币时代与"大奶妈"

硬币时代，两代金融僭主各有铸币标准。美第奇银行的标准是金币弗罗林，罗氏采用银元标准。墨西哥鹰洋、泰勒银币都是罗氏标准。泰勒银币比鹰洋稍重，但含银量稍低，两者基本等值。值得一提的是，泰勒银币不是神圣罗马帝国的货币，也不是奥匈帝国的货币，更不是 15 世纪的古代银币。这些说法虽然很常见，但都不对。

泰勒银币的正面，是一个很健壮的女子肖像。她是神圣罗马帝国女皇玛丽娅·泰勒（1717～1780，图）。旧中国，老百姓把泰勒银币俗称为"大奶妈"。

一、资本与资源

（一）非洲的资源

非洲是一片广袤无垠、物产富饶的土地。非洲面积约为 3020 万平方千米，约占世界陆地总面积的 20.2%。非洲已探明的矿物资源种类多、储量大。石油、天然气蕴藏丰富；铁、锰、铬、钴、镍、钒、铜、铅、锌、锡、磷酸盐等储量很大；非洲的黄金、金刚石久负盛名（注 4）。

图片故事：代理人与货币发行权（3）罗氏货币时代与非洲的殖民地金融体系

泰勒银元重 28 克，含银 83.3%；鹰洋重 27.07 克，含银 90.3%。鹰洋的含银量比泰勒银元稍高，泰勒银元铸造很精美，重量稍大。中国商人的研究很透彻，他们更愿意接受鹰洋。泰勒银元是 1780 年，神圣罗马帝国女皇玛丽娅·泰勒去世后，由罗氏银团拥有的维也纳银行和法兰西银行共同铸造，进入非洲流通的银币。

图为泰勒银元背面。

非洲铀矿脉的发现世人瞩目，非洲许多矿物的储量位居世界前列。非洲植物有 4 万种以上，森林面积占非洲总面积的 21%。非洲盛产红木、黑檀木、花梨木、柯巴树、乌木、樟树、栲树、胡桃木、黄漆木、栓皮栎等经济林木。非洲草原辽阔，面积占非洲总面积的 27%，居世界各大洲首位。可开发的水力资源极为丰富，沿海盛产沙丁鱼、金枪鱼、鲐、鲸等。

（二）非洲现象与金融资本

非洲现象是一个专有词汇。简单地说，就是指非洲由于穷困，不断地向发达国家借贷，但却走入了越借贷越贫穷的恶性循环。

图片故事：代理人与货币发行权（4）大个头银元的秘密

美第奇银团和罗氏银团，两代金融僭主，都喜爱铸造大币值的金银币。这里有深刻的金融目的，影视剧中出现的古代老百姓直接支付金银的情景并不真实。18世纪乃至以前的欧洲，金银币购买力极强，但金银币数量有限，无法满足日常需要，人们被迫接受金银本位的银行券。大宗交易携带大笔金银也不安全，只好采用金银币标价的支票。

图为埃塞俄比亚首都亚的斯亚贝巴的市中心的英雄纪念碑。

美元虚拟经济造成了美国社会的债务化，美国家庭平均负债率达到115%，美国政府的负债已经超过10万亿美元，即将超过年产值。美国每年1%～3%的"经济增长"低于年债务增长率。更为严重的是债务利息制造的新债务的绝对数额也超过了"年产值增长部分"的绝对数额。

这种"经济增长"是纯粹的、有计划的、以剥夺为目的的通货膨胀，是严重的经济危机。金融战役学中称之为虚拟增长。

这是公开的美国政府狭义国债的数字，而不是广义的美元债务。

这里有一个深刻的金融问题：非洲国家每年向西方国家输出大量农产品、原材料，非洲人民终日劳作，为何也负债累累？

图片故事：代理人与货币发行权（5）代理人的金融僭主

绍阿买办集团确立了泰勒银币体制。代理人特沃德罗斯一世，缔造了一个名叫埃塞俄比亚的国家，并使之接受了犹太王后裔为世代统治者的荒谬概念，进一步深化了泰勒银币体制。图为1923年罗氏巴黎铸币厂铸造，并在埃塞俄比亚流通的"太阳神币"。有关古埃及崇拜太阳神的说法始自共济会，文艺复兴以前没有这个说法。

二、关于非洲金融和经济现状的三个误解

（一）第一个误解：非洲欠西方国家的债

看一下世界地图就会发现：非洲国家的国境线，很多不是按照山脉河流的走向自然形成的地理边境，而是一条直线。这是殖民主义的政治遗产之一。非洲国家给西方各国送去了无数的财富和资源，不欠谁的债。

（二）第二个误解：非洲农产品不足，人口多，容易出现饥荒

整个非洲人口只有9.24亿（注5），但陆地面积却有3020万平方千米，相当于中国陆地面积的3倍。**这里仅粗略比较陆地面积，没有计算中国的领海面积。**非洲的人均耕地也超过美国。

图片故事：代理人与货币发行权（6）孟尼利克二世的价值

1889 年，孟尼利克二世被华尔街银团扶上宝座。1893 年 2 月 9 日，孟尼利克二世秘密交出了埃塞俄比亚人民的金融主权。孟尼利克二世联手罗氏，实施全面的金融私有化，建立了所谓的央行体制。

孟尼利克二世借助金银本位概念，秘密地把货币发行权交给了罗思柴尔德家族控股的法兰西银行。从此，埃塞俄比亚的货币、国库、外汇、金融、外债等"金融事务"，由罗氏控制直至今天。不算绍阿买办，孟尼利克二世是罗氏的第二代代理人。

1893 年建立的埃塞俄比亚比尔体制，一直延续到今天。图为 1 比尔样张。

1．非洲特有的顽固性饥荒的表面原因

殖民主义经济遗产和全球化经济理论，即"国际大分工理论"，迫使非洲国家生产单一的农产品。非洲国家有的只种植饲料玉米、有的只种植咖啡豆，这些国家出口单一产品换取口粮，华尔街操纵的国际粮食期货市场的总供给，即便全部被非洲国家购买，也不过是几千万人的基本口粮。

2．非洲特有的顽固性饥荒的深层次原因

欧美金融资本为了廉价掠夺非洲的农产品，常常利用虚拟经济控制的国际农产品期货市场，有计划地打压粮食价格，让其他农作物的期货价格始终地处于高于粮价的水平，呈现一种不停波动的**可控制的不稳定状态**。

（三）第三个误解：人们普遍认为欧美等发达国家长期对非洲各国进行资金援助。

表面上跨国银团对非洲经济注入了大量资金，促进了非洲经济的发展，实际情况却恰恰相反。

图片故事：代理人与货币发行权（7）史书英雄——孟尼利克二世

第一次意大利和埃塞俄比亚的战争内幕有待研究，但共济会起了决定性的作用。意大利除了向罗氏控股的央行借贷了巨额军费，还莫名其妙地赔给埃塞俄比亚1000万里拉。当时，这相当于1000万个金镑。直到1913年，1.25美元还能买六亩地。这笔钱全部进了法国洛希尔银行的腰包，埃塞俄比亚人民反而欠下了至今都无法归还的巨额债务，并丧失了货币发行权。图为早期埃塞俄比亚比尔硬币。

1960年，非洲外债总额仅30亿美元，1980年增至840亿美元，1995年增至2233亿美元。非洲债务的年增长率超过了非洲同期平均5%的年经济增长率。

这两种增长之间的剪刀差，导致了一些非洲国家的负债接近或超过年国民生产总值。这种趋势如果得不到根本性的扭转，总有一天非洲国家每年必须支付的债务利息，将超过政府年税收。

2002年，非洲债务总额已经达到了3340亿美元，这个数字相当于1998年非洲地区总产值5140亿美元的65%，非洲国家的税收一般在产值的15%～25%，这种债务危机是剥夺，是泥潭，是绝望。

图片故事：代理人与货币发行权（8）英雄之死

1889 年，孟尼利克二世登基。1893 年建立了实际的央行体制。1906 年，他默认了英、法、意瓜分埃塞俄比亚的"三边协议"，同年正式建立央行体制，即"埃塞俄比亚国家银行"，一个华尔街摩根财团控股的金融机构。1908 年，孟尼利克二世突然神秘的全身瘫痪，洛克菲勒财团安排的"御医"宣布：孟尼利克二世中风了。

1913 年 12 月 12 日，摩根财团建立美联储银行之前的几天，孟尼利克二世去世了。有人说他是被毒死或被勒死的，也有人说是情绪波动，病情恶化。一般认为是"死于权力斗争"。

图为 19 世纪的埃塞俄比亚部落武装。该画大约于 1845 年在巴黎发表。

三、非洲的虚拟增长

（一）虚拟增长等于经济危机

联合国的网站上，有很多对非洲平均5%的年经济增长率的赞叹和表扬，却很难找到非洲各国产值的具体数，大多是一些比例增长性质的统计图表。把这些华丽的泡沫推开后，人们会看见另一个非洲。

2006 年，非洲债务总额已经接近非洲的总产值。如果非洲经济年增长率为 5%，年债务利息是 8%。那么，2006 年以后，非洲已经陷入了虚拟增长。虚拟增长的本质是严重的经济危机。

图片故事：金融代理人体制的新篇章（1）央行董事会的神秘股权

世界各国的金融代理人热衷于出卖民族利益，建立所谓的央行体制，并非出于无知，而是贪婪使然。央行有董事会，名义是国家控制，实为私人拥有。1913 年，孟尼利克二世奠定了埃塞俄比亚的央行体制后，他死了。

孟尼利克二世无后，埃塞俄比亚央行中的皇室股份，由他同父异母的姐妹之子埃雅苏五世继承。孟尼利克二世家族一天不彻底绝嗣，罗氏银团就一天不放心。

图为埃塞俄比亚皇帝的海尔·塞拉西一世，1923 年的照片。

（二）到底是非洲援助美国，还是美国援助非洲

这个说法很新奇。非洲经济陷入了债务陷阱，华尔街拥有的西方金融集团一直从非洲合法地攫取着巨额资金。据统计：仅 1970～1992 年，非洲各国支付给西方发达国家的债务利息就达到本金的 3 倍（注 6）。非洲一直向西方社会注入资金，而不是相反。

四、非洲金融战役的两个战场、主要工具和特点

（一）两个战场

1. 华尔街主导的国际农产品期货市场、国际能源期货市场和国际原材料期货市场等虚拟交易市场。

图片故事：金融代理人体制的新篇章

（2）代理人的反抗

埃塞俄比亚并非是一个文明古国，而是一个新兴的部落国家。这里的部落受到7世纪阿拉伯帝国的影响，伊斯兰教的基础客观存在。20世纪初，以孟尼利克二世为首的皇族，已经感受到了罗氏的深刻敌意和"换马"的倾向。

图为消灭孟尼利克二世势力的海尔·塞拉西一世的父亲在1902年的照片。他自称绍阿贵族，且为孟尼利克二世的至亲。这个说法有待考证。

2．美元狭义与广义回流机制对非洲经济的伤害最大。这一金融战构架的内容并非美元或欧元的概念，笼统反对美元体系或欧元体系的说法毫无意义，建立新的国际货币新秩序的说法，恰恰来自华尔街中情局体系。

（二）非洲金融战役的主要工具

1．期货市场的价格指数、期货等衍生金融工具。

2．布雷顿森林体系确立的国际货币基金组织和世界银行。

这些都是罗思柴尔德家族的私人公司，并非各国政府拥有，也不是国际组织。

3．非洲各国的央行。

（三）非洲金融战役的特点

1．手段单一、战术水平低，战果巨大。

2．一边倒。

3．认知与实践领域存在着一条看不见的生产力鸿沟。

非洲各国已经体会到不公平的世界金融秩序和债务问题的严重性。但从整体上，非洲各国没有意识到正在经受着金融战的打击，即使个别人理解了这种新的战争形式，非洲各国的综合国力也不足以针对其实施对等博弈。

图片故事：金融代理人体制的新篇章（3）前赴后继

埃雅苏五世从小由罗氏的德国法兰克福银团培养，身边都是犹太光照会的情报人员。他是个膏粱子弟，但也看出了世道的凶险，于是开始倾向伊斯兰教，期望借助民族主义和伊斯兰教对抗罗氏银团的渗透。长话短说，不久埃雅苏五世和父亲都被囚禁，神秘死去。

海尔·塞拉西一世自称绍阿部落的后裔，成为摄政王。他找到一个女子，据称是孟尼利克二世的私生女佐迪图（1876～1930）为名义女皇。佐迪图不久被秘密囚禁，之后又神秘死去。1930年，海尔·塞拉西一世正式登基。

至此，埃塞俄比亚央行的孟尼利克二世皇族股份，再也无人提起。孟尼利克二世即便没有绝嗣，也无人敢提此事。图为海尔·塞拉西一世和他父亲的合影。

五、非洲经济的劣势和优势

（一）非洲经济的劣势

1. 非洲国家内部的部落矛盾和各国之间的边境争端错综复杂，代理人体系根深蒂固，民族和地区的力量分散，不利于形成合力。

2. 非洲经济规模小、效益差、起点低，外资容易控制各国命脉。

3. 一些非洲国家的债务负担太重。

4. 非洲社会上层和中下层在认知、文化、宗教、语言等诸多方面有深刻的不同，非洲上层普遍缺乏抵御金融战的能力、信心和愿望。

5. 非洲经济依然是典型的殖民地经济，流动性处于体外循环，消费市场软贷款化。

6. 非洲消费品的价格很高，贫富差距悬殊。社会构架原始，部落化语言文化体系和殖民化语言文化体系共存，各国大一统的形成遥遥无期。

图片故事：资本开放与埃塞俄比亚饥荒（1）埃塞俄比亚的全球化

埃塞俄比亚在传媒概念中，一直与饥荒、独裁和贫穷相连。很少有人知道，埃塞俄比亚是华尔街银团在非洲的样板。海尔·塞拉西一世上台后，加入了国联，紧随华尔街的脚步，他实施了资本无条件进出国门的金融开放政策，埋下了饥荒的种子。

17 世纪，这片地区还是富饶的游牧经济体。埃塞俄比亚建立之后，饥荒出现了。海尔·塞拉西一世实施全面的资本开放政策，实际上放弃了国家的金融财政主权。粮食被界定为低价值作物，农田大量种植咖啡换取美元，然后再去欧美购买粮食，埃塞俄比亚从此饥荒不断。图为埃塞俄比亚咖啡园一角。

（二）非洲经济的优势

1．华尔街对非洲的掠夺最为彻底。非洲各国的中下层的劳动者，不存在对美元体制的留恋。

2．非洲地大物博、人才济济。非洲整体教育水平相对落后，但有一个绝对数字很大——受过良好教育的知识群体。

3．非洲实体经济有一定的基础。

4．金融僭主出于削弱资产阶级的需要，蓄意削弱欧美的实体经济。非洲与欧美的实体经济具有一大一小、相对而行的特征，如果非洲能够克服困难，持续稳定地发展下去，两者必有相交之日。

5．新兴工业化国家的兴起，让华尔街对非洲单一的金融战手段出现了某种程度的失灵，广义美元回流体制出现了一定程度的失序。

图片故事：资本开放与埃塞俄比亚饥荒（2）咖啡的故事

单看统计数字，人们常会误解一个国家的经济状况和人民的生活水平。殖民地经济的资本流入和财富掠夺，表现为埃塞俄比亚的产值虚高和进出口繁荣。埃塞俄比亚的咖啡出口占其出口额的1/3，多数企业、林地和农场由华尔街银团拥有。小农经济根本无力与跨国银团竞争，在产值和出口双双繁荣的同时，却出现了普遍的破产和持续的饥荒。

海尔·塞拉西一世成了华尔街媒体的宠儿。图为1935年11月，华尔街《时代》杂志的封面，照片上的人物就是春风得意的海尔·塞拉西一世。

六、尼日利亚的债务危机

（一）尼日利亚的经济

尼日利亚是世界第十大石油生产国，也是石油输出国组织，即"欧佩克"的成员国之一。尼日利亚已经探明的石油储量为352亿桶，日产原油250万桶。

第一次石油危机之前，每桶原油不过1.2～2美元。此后，原油价格被美元通胀泡沫推涨了40多倍。2008年7月11日，每桶原油的价格达到147美元。理论上，尼日利亚本不应该出现债务危机。现实中，尼日利亚却是债务问题比较突出的国家。

图片故事：资本开放与埃塞俄比亚饥荒（3）媒体的私有化

海尔·塞拉西一世实施了全面的媒体私有化。埃塞俄比亚的出版、报刊、电台，全部由华尔街犹太银团控股。海尔·塞拉西一世经常在罗氏控股的广播电台发表演讲（图）。作为回报，海尔·塞拉西一世被华尔街赋予了一系列称号——"神的使者"、"所罗门王和示巴女王225代继承者"、"犹太雄狮"（注7）。通过这些称号，人们能够更加深刻地理解犹太人的特殊性。海尔·塞拉西一世被看成犹太人。

（二）莫名其妙的金融危机和出乎预料的美元盈余

1. 尼日利亚货币奈拉的贬值

1999年，尼日利亚国民生产总值为348亿美元。尼日利亚货币奈拉对美元的汇率不断出现异常波动，尼日利亚出台《外汇管制法令》加强外汇管制。尼日利亚最大面值的纸币为500奈拉，价值不足5美元。尼日利亚人购物时，常常要携带大包的现金。

2. 喜剧性的收获

1980～2000年，尼日利亚的国民生产总值一直在200亿～500亿美元之间徘徊。2007年，尼日利亚拥有了高达490亿美元的外汇储备，国民生产总值一度高达1420亿美元。

图片故事：资本开放与埃塞俄比亚饥荒（4）《埃美共同防御条约》（1953）

第二次世界大战结束后，华尔街再次拥立了埃塞俄比亚的独裁体制，罗氏扶植的海尔·塞拉西一世重登宝座。1953年，海尔·塞拉西一世与美国签订了《埃美共同防御条约》（1953）。抗美援朝时期，在美国纠集的仆从国中，非洲国家唯有埃塞俄比亚。

图为1945年，海尔·塞拉西一世参观美国军舰。

一个国家在殖民化过程中会出现国家税收、产值数字、外汇储备、国民生产总值、高端奢侈品销售异常上升、资本市场畸形繁荣的经济现象。这不是好事，清朝末年和"民国"末年的旧中国，均有此类经济现象。

（1）尼日利亚外汇储备的骤增，不过是美元通货膨胀的产物。这是一种典型的输入性通胀日益严重的金融信号，而不是经济发展和市场繁荣的结果。这不值得自豪，需要立刻实施紧急金融管制，限制热钱流入。

（2）金融僭主体制，从主观上有逐渐抛弃美元体制，建立国际货币新秩序的战略意图，这是建立国际新秩序的需要。广义美元回流体制的崩溃是一场蓄意的金融战役，是在赖账和缔造全球范围的金融僭主世袭家天下体制，而不是拥有美联储的罗氏家族在自我破产。

（3）传统债务控制机制无法维系美元虚拟经济对尼日利亚财富的转移机制，也就客观增大了华尔街对尼日利亚发动金融战役的必要性。华尔街需要控制，一种控制失序后必然用另一种控制替代。

图片故事：资本开放与埃塞俄比亚饥荒（5）正义之战与中埃友谊

抗美援朝打出了一条新旧历史分水岭。"联合国军"中有埃塞俄比亚的一个加强营，人数超过 1000 人，实际上是一个团，大部分被中国人民志愿军歼灭。7 个小时，就伤亡了 657 人（注 8）。正义的战争与绥靖的和平，有着本质的不同与相悖的后果。海尔·塞拉西一世深受震动，政治上逐渐脱离了无条件追随华尔街的路线。

图为 19 世纪埃塞俄比亚帝国的国徽。

七、刚性介入

尼日尔河三角洲的神秘武装出现了，尼日利亚的石油收入受到了威胁。美国国防部决定加快向安哥拉和尼日利亚的军队输送武器，帮助他们训练军官并招募军人，以解决尼日尔河三角洲的问题。

这就让美国在不同层面，取得了对尼日利亚的高端控制。狭义层面，是控制下的不稳定；战略层面，就是暴力金融主义；经济层面，是对尼日利亚石油收入的刚性遏制。

图片故事：资本开放与埃塞俄比亚饥荒（6）海尔·塞拉西一世的"新道路"

海尔·塞拉西一世的转变，并不是思想、认识乃至阶级性的飞跃。他从 20 世纪 60 年代开始，看到了中国这样在过去被国际社会看不起的"东亚病夫"，竟然打败了长期奴役埃塞俄比亚的以美国为首的"联合国军"。

他开始有一种蒙眬的想法：他认为埃塞俄比亚比中国发达，如能摆脱华尔街的控制，也会"大有作为"。这种思想并没有跳出"汉与我孰大"的历史局限性。

图为华尔街宣传海尔·塞拉西一世的海报。这些宣传反过来影响了海尔·塞拉西一世的认知和决策，这就是传媒和统计数字对宣传对象和制造者的双向影响。

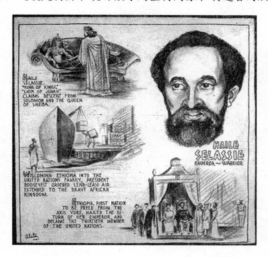

八、刚果（布）的债务危局

（一）刚果（布）简介

1．刚果共和国，人们习惯称为：刚果（布）

刚果（布）是一个产油国，一个人均年国民生产总值 700 美元的国家，人均背负的债务却是 2400 美元。20 世纪 70 年代初，即沃尔克冲击之前，刚果（布）还处于非洲国家的中等水平。

2．刚果（布）与刚果（金）

非洲大陆上有一条大河横穿赤道，这就是气势磅礴、绵延 4640 千米的刚果河，又称扎伊尔河。刚果河的两岸，分别有两个国家都以刚果为国名，人们在国名后加上两国首都名称的第一个字，以示区别。

图片故事：资本开放与埃塞俄比亚饥荒（7）埃塞俄比亚饥荒的奥秘

埃塞俄比亚的耕地并不少，国土面积达到 110.36 万平方千米。过去，埃塞俄比亚的领土还要大一些。埃塞俄比亚接受了全球化理论，执行国际大分工，负责生产有机咖啡，用卖咖啡豆换取的美元到欧美购买口粮。

罗氏发现海尔·塞拉西一世有尾大不掉的想法，尤其是 1971 年，他访问了中国，罗氏开始蓄意压低咖啡价格，逐渐停止了对埃塞俄比亚的粮食供给。埃塞俄比亚立刻就粮食短缺，饿殍遍野。这就是著名的埃塞俄比亚大饥荒（图）的金融战机制。

河东岸是刚果民主共和国，殖民时期为比利时的殖民地，旧名为扎伊尔，首都金沙萨，简称刚果（金）。河西岸是刚果共和国，殖民时期为法国的殖民地，首都布拉柴维尔，简称刚果（布）。

（二）刚果（布）金融危机的实质和影响

1．彻底消除苏联在非洲的战略影响。

2．非洲、中东等中央政权薄弱、领土广袤、资源丰富的地区，是华尔街实现世界新秩序的优选切入点。美国的大中东计划包括非洲（注 9）。

3．控制刚果（布）等非洲国家的石油、天然气等资源的主导权。

图片故事：资本开放与埃塞俄比亚饥荒（8）国际救援的意义

图为 1985 年英国出动军用飞机，让媒体拍摄的空投救灾粮的新闻照片。埃塞俄比亚的饥荒，严重地冲击了国民经济和社会稳定。这种饥荒的本质是金融战役，持续了几十年之久。埃塞俄比亚只要停止执行全球化政策，放弃咖啡豆经济，拿出一部分良田生产非常抗旱且高产的土豆、白薯，就能让数以百万人免于被饿死。

（三）刚果（布）金融战役

1．第一阶段：金融战布局——送钱

（1）时间：1971～1979 年。

（2）刚果（布）百废待兴，急需资金进行经济建设。华尔街于 1971 年放弃了布雷顿森林体系——35 美元兑换 1 盎司黄金的国际承诺，这是输出美元通胀的高潮期。刚果（布）发现了石油和矿产，增大了华尔街控制刚果（布）的战略价值。

（3）这时的基调是友好与援助，属于金融战役的隐性阶段。

2．第二阶段：金融战役的显性阶段

（1）时间：1979～1980 年

石油危机爆发后，石油价格大幅上涨，掩盖了美元发行失控和美国实体经济逐渐没落的基本面。

从 1975 年起，刚果（布）开始大量出口原油，国家收入大幅增加。这时美元的购买力，却随着石油价格的暴涨而暴跌。

图片故事：资本开放与埃塞俄比亚饥荒（9）土地私有化与全球化

在土地私有化和经济殖民化的情况下，咖啡园背后的华尔街寡头，实际上奴役着咖啡园的农夫，形成了金融农奴制度。饥饿的埃塞俄比亚儿童对埃塞俄比亚的华尔街农庄种植何种作物，没有任何的发言权，只能默默地死去。

大饥荒有利于金融农奴制度的稳定，咖啡园的"农业工人"根本不敢提出提高薪金的要求。在温饱线上挣扎的人们，不可能去购买咖啡，这就是劳动者不得食的经济现象。国内市场的萧条和狭窄，又决定了进出口贸易的繁荣，催生了"越繁荣，越贫穷"的现象，这种现象的本质是掠夺。

（2）繁荣

华尔街对包括刚果（布）在内的世界各国输出美元通货膨胀，本质是在输出通货膨胀型经济危机，而不是、也不会是在输出真正的繁荣与贸易机遇。美元购买力的暴跌，让刚果（布）逐渐成了资本输出国，这就是繁荣中的崩溃。这种"繁荣"是虚拟经济的繁荣，崩溃的却是实体经济。

刚果（布）的能源产业根本不属于刚果（布）政府和人民，新殖民主义经济体制打着全球化和跨国公司的旗号，深刻地剥夺着包括刚果（布）在内的非洲各国的资源和劳动。

1960年后的一段时间，华尔街并不太关注刚果（布）。如果说新独立且石油工业尚处于一穷二白状态的刚果（布）是无用之用，那么石油工业初步建立、有了稳定石油收入、人均收入一度增加到1300美元的刚果（布）就是怀璧其罪了。

图片故事：资本开放与埃塞俄比亚饥荒（10）犹太雄狮之死

埃塞俄比亚的经济、金融和货币体制是最彻底的全球化模式，曾被树立为非洲资本开放和民主政治的典范。埃塞俄比亚的国土上不仅有美国的军事基地，上层人员尤其是军队高层全部在美国培养。埃塞俄比亚陷入全面的社会危机后，"西方训练的门格图斯"（注10）发动了政变。1975年8月27日，门格图斯的手下用枕头闷死了海尔·塞拉西一世，把海尔·塞拉西一世的尸体埋在官殿的地板下面。

图为海尔·塞拉西一世秘密访问耶路撒冷的照片。他自诩犹太人，把货币、国库、外债、预算等权力，一股脑地交给了罗氏银团。但依然没能超越代理人的生死周期定律。

（3）崩溃

美联储发动的沃尔克冲击，用超过20%的高利率把刚果（布）推入了债务的深渊。刚果（布）的石油收入，连债务利息都无法偿还。刚果（布）的经济经历了引进外资制造的债务繁荣后，一头栽入新殖民主义经济的债务泥潭。刚果（布）在繁荣时期执行过类似波兰的"三高政策"，结果是债务失控、短期繁荣、长期衰退。

（4）怪圈

刚果（布）陷入了一个金融战怪圈——产油越多、油价越高（本质是美元通胀），刚果（布）欠下的美元债务越多。刚果（布）不断向欧美输出石油和资金，却不断签下新的债务协议，这些债务却从未借入。

图片故事：金融与社会（1）四海一家（We Are the World）、达沃斯论坛、全球化

1985 年，华尔街组织了一场"四海一家"单曲表演，为埃塞俄比亚饥荒筹善款。这个活动在埃塞俄比亚掀起了一场持续至今、愈演愈烈的"绿色运动"，也称"生态社会主义"或称"生态主义"的思潮。这个思潮影响深远，背景复杂。

最低估计，销售了 1000 万的单曲拷贝，可能还多一些。一般认为筹集了 6300 万美元善款。"四海一家"这首歌美化了全球化进程和世界政府的前景，让人们忘记了饥荒的经济根源。组织者昆西·琼斯，不是普通的音乐人，他是华尔街体系中的"人权活动家"。图为 2004 年，昆西·琼斯参加达沃斯世界经济论坛的照片。该论坛是华尔街银团宣扬和推动全球化的舆论和组织工具。

3．第三阶段：债务危机的深化

（1）时间：1990 年 7 月至 2003 年 3 月。

（2）持续的债务危机引发了全面的经济危机、政治危机和社会危机。1991 年 7 月，刚果（布）政局发生了巨变，在戈氏新思维的影响下，"1990 年 7 月，劳动党决定放弃马列主义，但坚持社会主义；主张政治多元化，实行多党制；放弃劳动党领导地位"（注 11）。100 多个突然出现的党派，登记参政，刚果（布）立刻陷入了空前混乱的内战状态。

（3）刚果（布）的国民经济全面倒退，债务危机、信用危机、经济危机、社会危机同时爆发。刚果（布）不仅人口少、盛产石油，还是一个人文发展颇有成就的国家，曾数次在国际上获扫盲奖。刚果（布）金融危机之后，人均负债却超过人均产值的 3 倍。

图片故事：金融与社会（2）金融战的现实后果：不劳动者得食，劳动者挨饿

埃塞俄比亚的经济全球化得到了彻底贯彻，埃塞俄比亚出口咖啡的同时，无数人死于没有最低限度的口粮。埃塞俄比亚的有机咖啡在欧美市场很昂贵，咖啡豆出口却很廉价。2006 年，埃塞俄比亚出口咖啡总额为 4.27 亿美元。

该国领土 50%可以放牧。2001 年，牲畜存栏总数 1.3 亿头，居非洲国家之首（注12）。这些肉和咖啡被掠夺到欧美市场，跨国公司占有了出口总额的全部，创造这些高蛋白农产品的国度却饿殍遍地。埃塞俄比亚饥荒并非缺粮和"气候变化"，而是新殖民主义的残酷掠夺。图为埃塞俄比亚部落居民。埃塞俄比亚不是文明古国。

华尔街成功托管了刚果（布）的货币与金融。

（四）刚果（布）金融战役的影响和经验

1．影响

（1）刚果（布）长期向西方出售不可再生资源，却欠下超过年总产值3 倍的债务，截至 2006 年，刚果（布）人均负债达到 2400 美元。

（2）刚果（布）和其他非洲债务国一样，不仅每年给欧美等国提供了大量的劳动力、原材料、农渔产品和能源，还是西方国家经济的资金来源。

1960 年，非洲债务 30 亿美元，1980 年增为 840 亿美元，1995 年增至2233 亿美元。1970～1992 年，支付的利息总额是实际借入外债总额的 3 倍。刚果（布）更是名列榜首，税收中的很大一部分用于利息支付。

图片故事：金融与社会（3）拉斯特法里运动

拉斯特法里运动是20世纪流行于埃塞俄比亚的一种带有共济会色彩的伪基督教运动，宣扬弥赛亚。弥赛亚是犹太教里的救世主，基督教的救世主是耶稣。犹太教实际上不承认耶稣是救世主，拉斯特法里运动宣扬等待的大卫王是救世主，建立神统一下的世界。大卫王是共济会的首脑。

神的定义各不相同。海尔·塞拉西一世被拉斯特法里运动看成是大卫王之一，所罗门的后裔。海尔·塞拉西一世却没有坚定地支持拉斯特法里运动。有趣的是，据传拉斯特法里运动最先出现于美洲的牙买加。图为牙买加海岸。

2．经验

（1）**发展国民经济必须自力更生，不能依靠借贷、依靠外资。要认清跨国流动性的债务本质和殖民化后果。**追求短期繁荣，必然付出战略代价。短期是相对历史而言，对于刚果（布）来说，短期的概念超过20年。

（2）发展中国家的经济规划要立足于百年大计，结果是目的，过程是手段。金融战役的开始和过程都会带来"繁荣"，但结果是崩溃和灾难。制定规划时要明确一个问题：结果本身的重要性，远远大于预期结果到来的早与晚。

（3）要走适合本国国情的发展道路。经济发展速度要仔细规划，要着眼于所有权归属于本国的实体经济的发展，不能满足于存在于本国的殖民经济触角和美元通货膨胀制造的产值增长。简单地把跨国公司制造的国民生产总值解释为本国的产值和繁荣，是统计学制造的、掩耳盗铃式的繁荣。其本质是：释人为己、释胀为增。

（4）相对弱小的发展中国家，要有政权层面的金融防火墙，才能最大限度地利用有效的市场监管来抵御金融战多角度、多层次的冲击。

（5）支柱产业、核心工业、土地矿山、文教卫生宣传体系、军事工业必须坚持国有化。刚果（布）盲目引进外资，开放了所有领域，并没有得到一个完整的工业体系。

刚果（布）仅有的资源产业和石油工业一直控制在华尔街手中，本国没有获得能源技术，还丧失了油田的开采权。跨国公司是刚果（布）领土上的独立王国。这些产值均摊在每一位刚果（布）人民的身上，不能反映经济发展的真实水平。

赢家与输家

图片故事：畸形的伪生态经济与金融战役（1）有机鲜花

很少有人知道，埃塞俄比亚持续饥荒的同时，跨国公司却在埃塞俄比亚占用大量农田种植有机鲜花。这些无公害的鲜花，也包括纯绿色的有机咖啡，吹大了埃塞俄比亚的产值和贸易额气泡。与此同时，却是持续不断的大饥荒。埃塞俄比亚饥荒甚至成了一个专有的词汇，一个遍地良田和牧场的国家，却不把粮食生产放在首位。

一、津巴布韦的金融危机

（一）津巴布韦的简介

1980 年，津巴布韦独立。津巴布韦人口约 1310 万，城市化程度较高，津巴布韦的首都哈拉雷有近 200 万人口。津巴布韦粮食自给自足，有非洲粮仓的美誉。

津巴布韦每年出口大量煤、铬、铁、石棉、金、银、锂、铌、铅、锌、锡、铀、铜、镍等矿产品，还是世界第三大烟草出产国。津巴布韦曾被誉为：王冠上的宝石。

图片故事：畸形的伪生态经济与金融战役（2）有机咖啡

全球化理论宣扬国际大分工、信息社会的偏颇概念，否定了农业和工业的基础性和战略性。埃塞俄比亚每年出口咖啡，创造 4 亿多美元的产值，全部落入了跨国银团拥有的咖啡公司手中。政府仅能获得极少的税收，用这些钱进口粮食，远不如直接用种植咖啡的良田种植白薯、土豆，满足口粮和饲料的需求划算。这是一笔不难理解的经济账。

津巴布韦出口产品丰富、粮食自给自足，金融基石相对稳固。1980 年，1 津巴布韦元（简称"津元"，下同）兑换 1.6 美元。

（二）津巴布韦的金融隐患

1. 盲目引进外资，流入时间集中

1980 年，津巴布韦独立。津巴布韦政府没有意识到金融安全的重要性。津巴布韦得天独厚的经济条件被跨国公司看好，津巴布韦不理解这种"看好"背后的债务含义。

图片故事：畸形的伪生态经济与金融战役（3）有机皮革

所谓的"有机"是指不使用农药和化肥，这很正确。但在伪善的外表下，隐藏着两个严肃的经济骗局：劳动者获利，还是不劳动者获利？国民经济服务于本民族，还是服务于跨国银团？埃塞俄比亚领土超过100万平方千米，一半以上是肥美的牧场。

牧草可以核算为粗饲料，速生肉羊和肉猪能提供大量食物。埃塞俄比亚大量生产适合产出优质皮革的牛羊，却不重视肉和奶制品的畜牧生产。出口有机皮革给跨国公司带来了巨大利润，留给埃塞俄比亚的是饥荒和原始游牧经济的"复兴"。

图为2010年1月20日，埃塞俄比亚首都亚的斯亚贝巴举行的第三届非洲皮革展览会上的埃塞俄比亚皮革展厅。跨国公司的利润很高，留给牧民的利润却少得可怜。

大量外资涌入津巴布韦的实体经济和资本市场，津巴布韦的实体经济、股市、汇市和房地产市场，相继出现了以殖民化为内容的虚假繁荣。华尔街金融战的战略布局阶段，津巴布韦举国上下不仅没有丝毫察觉，反而沉浸在繁荣的喜悦中。

2. 几年过去，津巴布韦62.5%的国民经济被跨国银团拥有，津巴布韦的资本市场，几乎百分之百地被外资左右。津巴布韦经济的殖民化水平超过了殖民地时期，津巴布韦的上层建筑与生产力诸元之间，产生了不可避免的深层次互动。

图片故事：畸形的伪生态经济与金融战役（4）山羊经济的秘密

伪生态经济与真正的生态经济，看似相近，却有着截然不同的战略目的。华尔街曾试图在我国推广山羊经济。埃塞俄比亚北山羊（图）肉瘦口感好，符合现代人的需求。

问题是：埃塞俄比亚北山羊取食能力很强，能够吃草根，不宜圈养，只适合粗放。短期看，养山羊省力又能卖个好价钱。长期看，却导致草场退化，总产肉率远低于肉羊和肉猪，肉猪配合猪草，可大幅降低精饲料消耗。粗放导致的畜牧技术退化，综合效益下降、远期效益下降、牧区族群退化。

对于牧民来说，这不仅得不偿失，而且有失去生存基础的危险。

3．急于求成、过度借贷

1980 年，津巴布韦独立伊始，没有外债包袱，金融相对稳定。盲目地吸纳跨国美元流动性，让津巴布韦的金融基本面呈现出一片外汇储备持续增加、股价大幅上涨、房地产价格暴涨的繁荣景象。实体经济领域，津巴布韦资源品种多、出口效益好，粮食自给有余。

津巴布韦被一系列进步蒙住了眼睛，忘记了**外资即债务、外国非本国**的金融实质和市场经济法则。津巴布韦忽略了国家工业基础薄弱、科技水平远远落后于发达国家的现实，发展国家的良好愿望替代了现实的经济计划。1980 独立的津巴布韦，一下子跌入了沃尔克冲击制造的债务圈套。

图片故事：悖逆选择与绿色政治的兴起（1）埃塞俄比亚实行过社会主义制度吗？

1985年5月8日，中国和埃塞俄比亚政府达成了一个医疗援助协议《中华人民共和国政府和社会主义埃塞俄比亚临时军政府关于派遣中国医疗队赴埃塞俄比亚工作的议定书》。埃塞俄比亚在门格图斯时期，一度自称社会主义国家。门格图斯之前，埃塞俄比亚属于君主制。1991年"民主阵线"上台后，埃塞俄比亚属于资本主义制度。

社会制度是对相应生产力和生产关系的描述和适应，不是一个空洞的词汇。埃塞俄比亚的国民经济和金融货币构架，百年间变化不大，一直为华尔街金融僭主拥有，经济内容没有脱离新殖民主义体系。

图为埃塞俄比亚的传统饭食——煎饼夹炖菜。很像中国的春饼，这并非偶然。

（三）津巴布韦金融战役的过程

1．第一阶段：广义债务的金融战含义

（1）1980～1990年，新独立的津巴布韦充满了建设国家的雄心壮志，为了迅速发展国民经济，开始大量借入外债、彻底开放本国市场、全面引进外资。没多久，津巴布韦国民经济的62.5%就被外资拥有，津巴布韦的经济殖民化现象日甚一日。

（2）津巴布韦金融战役的指导计划是1981年世界银行发表的《加速撒哈拉以南非洲发展》报告，史称《伯格报告》，内容和后果大致如下。

图片故事：悖逆选择与绿色政治的兴起（2）伊斯兰教与史前所罗门神国

伊斯兰教在埃塞俄比亚的影响，处于休眠状态，却也无处不在。图为埃塞俄比亚古城哈拉尔的清真寺。18 世纪之前的埃塞俄比亚，并没有犹太教堂和基督教教堂。一些有关埃塞俄比亚史前所罗门神国的"考古发现"，都是近代地缘政治和宗教历史化的产物。是神学，与历史无关。

① 《伯格报告》宣扬国际大分工理论，把单一的、不完整的、低利润的、高能耗的、高污染的经济元素强加给非洲国家。这给非洲国家带来了沉重地民族灾难和经济危机。

② 贸易、金融、资本自由化流动，发展中国家不能设置壁垒。

③ 减少国家对经济的管理，发挥私人企业的作用。津巴布韦的国民经济产业，跨国银团拥有其中的 62.5%，所谓的私人企业的作用，等于金融僭主体制本身。

④ 华尔街片面地解释了非洲贫困的"真相"：非洲经济危机的主要原因不在于外部经济环境的不利，而在于非洲国家内部，主要是错误的经济政策引起的。这有效地扰乱了非洲国家的反思和民族自省。

图片故事：悖逆选择与绿色政治的兴起（3）共济会与"生态社会主义"

埃塞俄比亚并没有实施真正的社会主义。20世纪70年代，共济会即华尔街中情局体系为了颠覆社会主义，提出了生态社会主义。这是一个乱七八糟的、以颠覆社会主义为目的的金融战思想骗局。

一些西非国家把殖民地经济解释为"科学社会主义"，科学社会主义本来指马克思学说的总和。这里的"科学社会主义"也称"科学主义"，属于生态社会主义的一个分支，并不是社会主义。图为生态社会主义运动的标志之一。向日葵暗喻着光照者"路西法"即魔鬼撒旦，撒旦又称"自然神"、"技术神"、"科学神"。

（3）津巴布韦的金融危局逐渐明朗化，津巴布韦开始紧急限制外国投资，热钱资本因势利导在统一的时间窗口集体出逃，国际债权人随即开始逼债。**外部投资构成的广义债务，瞬间演变为必须立刻归还的狭义国债。**

（4）津巴布韦金融体系陷入崩溃。津元大幅贬值、股市下跌、原本并不存在于账面的美元外债突然出现。这和韩国1997年的那种突然出现的美元债务性质相同，这是经济殖民化和金融战役的金融后果之一。

（5）津元大幅贬值后，控制着津巴布韦国民经济的外资企业开始利用美元的汇率优势，廉价地兼并土地，扩大庄园。华尔街银团直接控制了津巴布韦的蔬菜、生猪、粮食、道路、农田、零售业，这是津巴布韦金融战役第二阶段的导火索。

图片故事：悖逆选择与绿色政治的兴起（4）绿色政治与生态社会主义

悖逆选择是金融僭主体制控制社会，实施跨国世袭家天下独裁统治的技术手段。通过提供一系列看似对立的、虚假的叛逆性选择，并提供资助、渗透和领导，最终误导和控制社会的良性反思。

悖逆选择是一种极端成熟的没落文化和统治技巧。清朝时期，官方任命的总镖头，可以结交匪徒，衙门不许在城内捉拿受到总镖头庇护的犯罪分子，这就是悖逆选择的经典案例。实际上，总镖头有捉拿和控制盗匪的秘密任务。悖逆选择把反思和叛逆，也纳入统治策略和大系统，《锡安长老会纪要》对此有过极为深刻的描述。这种统治策略有坚实的物理依据。如隧道工程为了防渗漏，有必要保留一定的、可容忍的渗透，这反而会增加工程的可靠性。金融主义是体系，不是局部。

这就是金融战役学为什么要有一个社会控制论分支内容的原因。

绿色政治与生态社会主义是一回事，与华尔街铁山会议有着深刻的历史渊源。铁山会议后，华尔街中情局体系建立了一个世界性的共济会情报组织——生态联盟，又称全球绿盟。加入者自称"绿人"，其积极鼓吹碳排放本位的世界货币新秩序。

为2012年的全球生态议会制作的纪念雕塑（图，注13）。

图片故事：悖逆选择与绿色政治的兴起（5）从思潮到政党，从政党到议会

20世纪70年代，生态社会主义还是一个含糊不清的金融战思潮，有时被称为向日葵运动。2001年，共济会情报组织正式建立了全球绿盟，下属全球四大分部：非洲绿党联盟、美洲绿党联盟、亚太绿党联盟、欧洲绿党联盟。这些组织在各国纷纷参政，2012年3月29日至4月1日，"全球绿盟"将建立全球政府的议会组织，即"全球生态议会"。

图为2011年，"全球绿盟"庆祝成功推翻埃及政权的新闻。图中的文字大意为："全球绿盟热烈庆祝，并全力支持埃及人民"，这不是一个普通的"环保组织"。

津巴布韦的农民苦于农产品价格过低而纷纷破产，津巴布韦的城市居民却要付出高昂的价格购买蔬菜。旅游者到了非洲之后，会发现非洲物价很高。

非洲各国专营蔬菜、日用品等输送的物流企业，全部控制在华尔街中情局体系手中。非洲农产品频频陷入菜贵伤民、菜贱伤农的经济怪圈而无力摆脱。这是典型的殖民地经济现象，其金融战本质是残酷的剥夺和被压迫民族失去了国民经济的所有权和控制权。

2．第二阶段：土地国有化与政治稳定

（1）1991～1998年，津巴布韦的反应可圈可点，形成了一场有攻有守的金融博弈。实力对比过于悬殊，津巴布韦的反击效果无法扩大，这是实力使然，不是金融监管本身的问题。

图片故事：悖逆选择与绿色政治的兴起（6）《全球生态宪章》（2001）

中情局是华尔街跨国银团建立的华尔街情报公司，并不为美国人民的利益服务。更多的时候，中情局是金融僭主压迫美国人民和控制美国政要的工具。2001 年，中情局共济会情报机构，通过"全球绿盟"发布《全球生态宪章》，又称"向日葵宪章"，提出建立世界政府。共济会描绘的世界政府，提出六大纲领："生态思维、社会主义、参与民主、非暴力、发展、多元化"（注 14）。

图为"全球绿盟"庆祝"绿人"控制澳大利亚参议院和下院的新闻照片。图中文字大意为"澳大利亚值得纪念的一刻：绿人取得了平衡参议院的权力，控制了下院人事权，签署了稳定政府的协议"，跨国控制就这样达成了。这就是金融主义。

Record vote in Australia: Greens win balance of power in the Senate **and the** first ever direct mandate for the lower House, **and sign** agreement for stable government

（2）津巴布韦政府的土地政策

津巴布韦政府在危急关头，动用国家力量，严禁土地流转、遏制土地兼并、出资回购外国资本和代理人资本廉价"购买"的土地，分配给无地的农民。这种回购是否公平，关键要看这些土地是如何被"买"走的。

1980 年，津巴布韦独立伊始，70%的良田由跨国公司拥有，有非洲粮仓美誉的津巴布韦，频频出现饥荒。在金融战的打击下，津元汇率从 1980 年的 1 津元兑换 1.6 美元，猛跌到 1991 年的 1 美元兑换 5.05 津元。

图片故事：悖逆选择与绿色政治的兴起（7）"生态社会主义"简介

20 世纪 70 年代兴起的"生态社会主义"非常混乱。以非洲为例，"从 1955 年至 1990 年，非洲先后有 34 个国家宣称要搞社会主义"（注 15）。实际上，全世界各种自称的"社会主义"多达几十种。如"生态社会主义"、"阿拉伯社会主义"、"伊斯兰社会主义"、"民主社会主义"（即"社会民主主义"、"费边社会主义"）、"科学社会主义"和"马克思科学社会主义"（二者也称"科学主义"或"科学资本主义，并非马克思主义政治经济学"为内容的真的科学社会主义）、"绿色社会主义"、"信息社会主义"、"公民社会主义"（右翼法西斯主义）、"佛教社会主义"、"儒家社会主义"、"非洲社会主义"（简称：村社）等。还有一些党派、个人、地域概念的"社会主义"，如"国大党社会主义"，这里就不一一介绍了。

"生态社会主义思潮"的本质是否定国有制和私有制之间、社会主义和资本主义之间的生产力鸿沟。"生态社会主义"近年有时又被称作"生态资本主义"。两者看似是对立的选择，却同时出自华尔街中情局的路线图。图为"全球绿盟"的标志。

跨国公司购买土地的实际付出，不到正常价格的 1/10，这还仅仅是短期汇率变化的影响，随着金融战役的深化，津元最大的纸币面值已经达到 10 亿。

跨国公司并购津巴布韦的土地、企业、矿山的汇率优势和融资优势，达到了空前的水平。跨国公司从津巴布韦央行取得津元流动性，根本无须投入，仅需名义归还。这就是央行跨国金融情报体系的实践意义。

（3）津巴布韦政府的外资政策

津巴布韦为了还债，被迫开放国门，不计代价地引进美元资本。津巴布韦用增加经济殖民化程度的代价，换取暂时的美元流动性，稳定了津元，抑制了社会危机。从战略角度看，这无异于饮鸩止渴。

图片故事：悖逆选择与绿色政治的兴起（8）金融僭主家天下体制的全球性

"生态社会主义"不仅隐隐地左右着非洲的经济和政治，也逐渐渗透到老牌资本主义国家，侵蚀着各国资产阶级的政治基石。图为"全球绿盟"庆祝"绿人"在英国议会取得席位的新闻。图中文字大意为"历史性的突破，绿人卡罗琳·卢卡斯赢得了欧洲下院的第一个席位"。

"生态社会主义"不是社会主义，而是金融僭主家天下体制达成绝对资本垄断的历史条件下，出现的政治怪胎和欺骗手段。其生产力层面是以罗氏银团垄断替代市场经济、罗氏家族的绝对资本垄断否定了欧美资产阶级存在并掌权的资本依据。

金融僭主家天下体制是全人类的敌人，以世界政府、世界央行、世界货币为内容的全球化是人类文明面临的严峻挑战，而不是机遇，更不是资本主义、资产阶级、金融代理人体制和私有制的繁荣与永生。

Historic Green Party Breakthrough:
Caroline Lucas Elected, Greens Win First Seat in UK House of Commons

1992 年，津巴布韦投资中心吸纳了大笔跨国游资。津巴布韦的金融市场出现了短暂和脆弱的稳定，金融危机没有演变成全面的社会危机。这种做法的金融后果不言而喻。

3．第三阶段：华尔街的战略

（1）华尔街基金依托强大的金融实力，联合津巴布韦独立央行，利用津巴布韦开放的资本市场、外汇市场和外汇黑市对津元汇率进行了持续的冲击。

津巴布韦政府对央行仅有名义的监管权，金融、货币、外汇、国库、外债的管理权均在央行手中。政府措施雷声大雨点小，津元汇率从 1990 年的 1 美元兑换 2.64 津元，骤跌到 1998 年的 1 美元兑换 37.92 津元。

图片故事：悖逆选择与绿色政治的兴起（9）多重对立

第二国际破产后（注16），金融僭主罗氏掌控的共济会逐渐失去了对国际社会主义思潮的悖逆控制能力和手段。共济会的世界政府运动重新走上了无政府主义的老路，无政府主义是弱化各国现政府，建立世界政府的序曲。非洲流行的以"生态社会主义"为代表的"绿色政治"提出了"草根运动"、"权力分散"和"女权"。与此同时，"华盛顿共识"提出了"精英统治概念"。两者相互作用，诱使各国人民与各国政府之间、体力劳动者和脑力劳动者之间、男女之间形成尖锐的社会对立。

图为埃塞俄比亚的乡村草屋。埃塞俄比亚的社会还很落后，甚至有点原始。

（2）罗思柴尔德家族缔造并拥有的国际货币基金组织和世界银行，要求津巴布韦政府归还债务，逼迫津巴布韦政府廉价出口农矿产品、出卖企业和土地来归还到期的债务和利息。津巴布韦支付的利息已经超过了外债本金和外来投资的融资总额。

（3）津元汇率危机逐渐演变成为津巴布韦全面的经济危机。

4．第四阶段：史无前例的贬值

（1）1999年至今，华尔街和津巴布韦央行蓄意制造了津元的超级贬值。面值达10亿津元的纸币，摧毁了津巴布韦的经济，强化了跨国金融僭主体制对津巴布韦国民经济的主导能力，巩固了津巴布韦的央行体制。

图片故事：无政府运动、乔姆斯基、"新左派"（1）威廉·乔姆斯基

埃塞俄比亚、苏丹等国都存在着背景复杂的无政府主义运动，导致了内战和国家的分裂。威廉·乔姆斯基（1896～1977）是犹太人，出生于乌克兰。一直有传言说，他是共济会的高级情报人员。他被捧得很高，背景极为复杂。华尔街的讣告为"世界最著名的希伯来语大师之一"，希伯来语运动的推动者就是锡安长老会，即罗思柴尔德家族。20世纪中叶以前，并没有族群使用所谓的神的语言——希伯来语。

埃塞俄比亚与犹太人有关的说法始自19世纪，这是一场赤裸裸的欺骗。希伯来语的出现时间，可能在4～7世纪。"旧约"在罗马国教时期是用拉丁语写成，不是希伯来语。近代的"宗教考古"不是历史概念。希伯来语是宗教概念，希伯来语文献主要出现于文艺复兴之后，大抵是一种源自拉丁语体系的人造语言。希伯来语语法的界定和实用化特别受罗氏重视，这也是一个系统工程，与世界语类似。

埃塞俄比亚中下层食不果腹，上流社会却流行选美（图），成了一道亮丽的风景线。

（2）津巴布韦外汇政策的简要回顾

① 1980～1994年：宽松的外汇政策和固定汇率政策。

② 1994年：浮动汇率制。

③ 1999年：津元对美元汇率固定为1美元兑换38津元。

④ 2000年10月：津元对美元汇率固定为1美元兑换55津元。跨国银团操纵的外汇黑市随之泛滥，架空了公开的外汇市场。

⑤ 2002年2月：出口行业汇率调整为1美元兑换800津元。官方汇率维持在1美元兑换55津元。汇率双轨制给央行集团带来了巨额的利润和操纵一切的权力，这种做法奏响了津元崩溃的序曲。

图片故事：无政府运动、乔姆斯基、"新左派"（2）诺姆·乔姆斯基

诺姆·乔姆斯基（1928～，图）是威廉·乔姆斯基的儿子。中国有学者说：现在美国的左翼知识分子主要包括教授、学者、编辑、记者、专栏作家等人，他们大体继承了新左派的思想（注 17）。诺姆·乔姆斯基说过："我认为自由至上的社会主义概念根本上是正确的"（注18）。

这种观点是无政府主义，又称"自由意志社会主义"。这种思潮是非洲社会主义运动失败的根源之一。无政府主义的思想根源是金融僭主世袭家天下体制，是金融主义，是所谓的"世界政府"。这种对西方社会的批判，是金融僭主对欧美资产阶级进行资本兼并时的副产品，是小骂大帮忙。这场思想戏剧早在第二国际时期就上演过了。

诺姆·乔姆斯基的语言学研究很专业，实际价值却有待商榷。其强调语法的构架，隐含否定了民族文化多样性对语素的语义界定。比如，周吴郑王、封王、帝王、王（wàng）之、称王称霸，这些词汇中的"王"有不同的含义。孤立的语法研究，无法解释语言文化层面的深刻含义和丰富内涵。因此，机器翻译至今无法达成。

⑥ 2002 年 11 月：津巴布韦宣布取缔外汇黑市，关闭外汇兑换所，外汇黑市日趋隐蔽，转入秘密交易。这个措施正确，但力度不足。

⑦ 2004 年 1 月：津巴布韦实行外汇拍卖制。津元对美元的汇率大幅下跌，官方汇率调整为 1 美元兑换 824 津元。

⑧ 2004 年 5 月：拍卖价格失去控制，1 美元兑换 5600 津元。

⑨ 2005 年 5 月：侨民汇款的购买汇率，由 1 美元兑换 6200 津元调整为 1 美元兑换 9000 津元。拍卖汇率随即与侨民汇款汇率接轨。

图片故事：华尔街对宏观决策的战略干扰（1）核电站的建设

华尔街精心地设计了一系列复杂的社会舆论构架，一些国家丧失了基本的判断，开始反对核电站的建设，一些"环保主义者"甚至反对工业化本身。核技术是21世纪的技术制高点，是下一个世纪的生存基石。

目前，必须不惜一切代价地进行独立自主、国家绝对垄断的核聚变技术，乃至大规模的核聚变实验工厂的建设，包括核聚变电池技术的早期研究。煤炭、石油、天然气、铀将在几十年内消耗殆尽，没有聚变核电站领域长期的技术、工程、资金投入、人员培养、学科教育、标准、产业链布局层面的积累，必然在某个历史时期突然陷入不可逆转的经济危局，进而导致刚性的社会危机。

切尔诺贝利核电站（图）的事故被华尔街广为宣传，尽人皆知。核安全极为重要，进步也需要代价，核电是人类的未来，不能因噎废食。

⑩ 2005年7月：拍卖市场汇率由1美元兑换10500津元调整为1美元兑换17500津元。同期黑市汇率达到1美元兑换35000津元。

2005年10月：取消外汇拍卖制，实行的浮动汇率制。

黑市汇率开始失控。津元黑市汇率下跌到1美元兑换22万津元，甚至1美元兑换100万津元。津元官方汇率趋于失控。

图片故事：华尔街对宏观决策的战略干扰（2）基因研究与实践

目前，华尔街中情局体系控制下的生化武器公司和情报机构，主导了世界的转基因研究和实践。反对此类转基因扩散，具有民族救亡的性质。与此同时，发展中国家有必要立刻开始绝对独立自主、严格保密、国家垄断下的微生物、植物、动物乃至人体的转基因研究和工程实践。一定要打破人体转基因实验的禁区，人体转基因一旦出现问题，后果将极为严重，伦理、法理代价不菲。

但是！这与核技术的道理相同。我们不研究，别人要研究，你不搞人体基因实验，别人会偷偷搞。人体转基因具有缔造新形态人类、打破寿命界限、突破生存能力界限的无穷潜力，也会划出深不见底的物种鸿沟。华尔街情报组织缔造的"绿色运动"极力反对转基因与华尔街生化武器公司推广转基因是一个统一的步骤，并不矛盾。

图为日本福岛第一核电站事故照片，该事故与切尔诺贝利核事故一样都为7级。

（四）津巴布韦金融战役的特点

1．津巴布韦政府一直进行着积极的金融监管，在有限的条件下不断调整措施，这一点值得肯定。这是津巴布韦没有陷入解体和内战的根本原因。苏联和津巴布韦，一大一小，一亡一存。千秋史话，耐人寻味。

2．华尔街拥有绝对的资本优势，形成了一边倒的市场结果。

3．津巴布韦保持了政局的基本稳定，金融监管有一定的力度。

4．津巴布韦建国初期，管理经验不足，大肆举债，盲目接受跨国美元流动性。近年来没有出现过大的失误，金融监管具有相当的水平，由于其与跨国银团的实力相差过于悬殊，才没有体现出来。

图片故事：华尔街对宏观决策的战略干扰（3）智能重工业与第二次工业革命

华尔街幕后推动低碳运动，试图通过代理人在各国建立碳交易所和碳排放本位的世界货币新秩序。全世界的人民，将成为发放碳排放许可证书的华尔街金融僭主的世袭奴隶。这个荒谬的金融战骗局并不复杂，代理人体制起了决定性作用。

目前必须全力发展绝对独立自主研发、绝对本国设计生产、绝对国家垄断的机器人产业和个人电脑产业。机器人技术和智能技术的飞跃将导致社会、国防、金融、经济、科研、通讯、宇航、新材料、家庭、伦理等不同层面，出现划时代的激烈变革。机器人技术将重塑重工业的基本概念和构架，催生第二次工业革命。

这将带来目前无法理解的财富和繁荣，也会带来无法回避的军事、情报和社会控制方面的空前压力。如华尔街机器人或系统软件进入机器人芯片领域，国家就消失了。金融僭主的私有制广义资本权力，将变成狭义的人身主导和监控权力。

图为原贝尔实验室人工智能工程师海因斯和他的性爱机器人洛克茜（注19），这是花边新闻。欧美的此类研究时有传闻，包括机器人租用模式、家庭监狱、监控暗杀、行为模式搜集，机器人润滑系统对用户的药物影响、身心控制、家庭单元支出控制、点对点洗脑、家用机器人与战备、人口控制、隐私采集、人机整合（即"湿件工程"）等一系列复杂的系统工程。人们普遍没有认识到这一领域的战略价值和社会影响。

图片故事：华尔街对宏观决策的战略干扰（4）动物权力和"三高"

铁山会议之后，共济会情报组织缔造了一个"全球生态运动"。这里包括了一个跨国的"动物保护组织"，这个以跨国情报组织形态组织的所谓"动物保护组织"，在欧美各国影响巨大。与此同时，欧美媒体片面宣传高盐、高胆固醇、高脂肪的危害，宣扬素食。伪善地宣扬动物权力是在摧残和否定人权和人与人之间的爱。

"三高"食品可以赋予人们强健的体魄，喜爱高蛋白食品是一种进化本能，素食会导致代偿性脂肪肝等疾病。"三高"食品不利于老年人的长寿，但却有利于民族体魄的强健和生存质量。

　　城市宠物不仅会传播病毒，还会引发邻里纠纷，这增大了社会的不稳定性和伪善性。动物性激素依赖减少了人口出生，制造了家庭不和。狗螨和钩虫危害巨大，无法彻底消除。

　　不吃狗肉、不吃猫肉成了一种宣扬西方文化价值观的宗教，成了贬低、丑化、虚无化世界多数民族文化的心理战策略。干涉他人饮食习惯是一种暴力；打着保护宠物的名义建立的跨国情报组织是谍报网；以收养宠物的名义骗取善款是诈骗；用狗对邻里中的老弱实施心理威慑，是对人性恶的利用和对养狗者的身心戕害；亲狗残人是欧美社会人际关系空前冷漠和扭曲的真实写照。虐待动物不对，摄入动物蛋白有益。

　　据传犹太人彼得·辛格（1946～，图左）的父母都是德国法兰克福犹太光照会情报人员。1975年，彼得·辛格出版了《动物解放》（图右），开始了"非暴力的动物保护运动"。这本模糊了人类和动物权力的书籍，被称为"动物保护运动的圣经"。

　　图片故事：埃塞俄比亚央行的故事（1）传统战争与金融热战

　　人们普遍认为孟尼利克二世打赢了反抗意大利殖民者的入侵战争，得到了大笔赔款，维护了国家的统一和完整，保护了民族利益。从传统的军事和经济角度来看，这毫无疑问。如果从金融战役的角度来看，则又是另一种景象。

　　图为埃塞俄比亚国家银行的首页照片（注20）。

5. 津巴布韦经历了金融战役的冲击，有经验，也有教训。

6. 津巴布韦自然条件得天独厚，综合国力相对弱小，很容易成为华尔街的目标。发展中国家只能依靠政权层面的防火墙。面对华尔街的金融战役，非洲国家单纯进行资本规模的博弈，必然失败。

7. 津巴布韦盲目跨国融资，不理解外资的债务属性。

1989 年，津巴布韦引进外资 35 亿美元，而津巴布韦当年总产值才 45 亿美元。国民经济被外资控制，国民生产总值脱离本民族利益和所有权，国家经济发展殖民化、货币体系债务化、金融决策央行化。这导致出现了一系列问题。

8. 津元控制在央行手中，政府没有发言权。津元滥发，金融秩序混乱。津巴布韦通货膨胀逐渐失控，货币被国际债权人托管，央行集团控制着津巴布韦的政府，而不是相反。

图片故事：埃塞俄比亚央行的故事（2）1000 万里拉的秘密

在第一次意埃战争中，意大利全面败北。1896 年 10 月 26 日，两国签订《亚的斯亚贝巴和约》，意大利赔付埃塞俄比亚政府 1000 万里拉战争赔款，但埃塞俄比亚人民并没有得到这笔钱。1893 年 2 月 9 日，孟尼里克二世授权法兰西银行的巴黎铸币厂，即罗思柴尔德家族发行埃塞俄比亚元。这笔赔款以埃元（现称：比尔，大意为银币）的形式，进入埃塞俄比亚流通领域，形成了严重的通货膨胀，而不是资金注入。

图为第一次意埃战争中的意大利殖民远征军。

9. 2003 年，津巴布韦的国民生产总值仅 45 亿美元，负债却高达 44.15 亿美元。这种债务危机的本质是经济和货币的殖民化，只会随时间的延长逐渐发酵。

10. 津巴布韦的土改政策实施较晚，土地国有化的总方向正确，粮荒苗头得以遏制，没有形成全面的饥荒和社会危机。土地兼并和土地殖民化的苗头得到有效遏制。

图片故事：埃塞俄比亚央行的故事（3）金融热战与跨国金融僭主家天下体制

意大利上层和埃塞俄比亚上层都是罗氏的代理人。19 世纪，意大利央行开始由法兰西银行托管，埃塞俄比亚央行此时尚未正式建立，由法兰西银行的巴黎铸币厂托管。

法兰西银行的控股者是金融僭主罗氏家族。这场战争让两个国家背负了巨额的债务，代理人合理合法地交出了国库、货币、预算、经济、金融、外债的主权，各种政治势力均无法反对。这就是金融代理人体制，这就是金融主义时代的金融热战。

图为第一次意埃战争中，埃塞俄比亚取得阿杜瓦大捷（1896）的战场。此为阿杜瓦今日的风景照片。

二、浅析金融主义时代的胜利与失败

（一）胜利的定义

1．私有制的没落

人类是劳动的产物，人类社会是经济的产物，国家是生产关系和生产力诸元分配的产物。私有制出现以后，民族国家、民族、个人，都是私有制的局部。私有制出现伊始，促进了生产力的发展，随着工业革命，尤其是电子金融概念的出现，资本迅速凝结。资本在形式上逐渐脱离实体经济，进化成金融形态为主导的、独立的虚拟经济。资本在利益上逐渐与自身相背离。

资本规模迅速扩张和生产力迅猛发展带来社会进步的同时，资本凝结也催生了跨国金融僭主世袭家天下体制。金融僭主家族的权力来自资本凝结，资本凝结却削弱乃至摧毁了资产阶级赖以存在的私有制本身。

图片故事：埃塞俄比亚央行的故事（4）三大骗局与通货膨胀

1893～1906 年，埃塞俄比亚不仅取得了意大利的战争赔款，还引进了大量的跨国资本。埃塞俄比亚却没有因此出现持续繁荣，而是逐步受困于日趋严重的输入性通货膨胀。通货膨胀迅速增加了国民经济对埃元符号（银币比尔，实为纸币）的需求，埃塞俄比亚政府受制于赤字国债、独立央行、债务货币三大金融战骗局，必须加大向国际债权人抵押国债，才能取得埃元信用符号，用于满足国内的流通需求。这就是典型的输入性通货膨胀。

图为孟尼里克二世带领军队冲锋的版画。他负责指挥，可能没有参加过一线战斗。

2. 美国的国家安全委员会与苏联的克格勃

在第一次意埃战争中，埃塞俄比亚人民反抗意大利侵略者的伟大胜利值得称道。第二次世界大战中，反法西斯阵营的胜利值得欢庆。善良的人们却没有意识到，犹太金融僭主和现代光照会情报组织几乎总是同时出现在对垒双方的背后。

在两次世界大战中，罗思柴尔德家族通过其拥有的德、美、法、意、日、中、英等国的央行，对各国注入虚拟的战争资金，获得巨额债权。又借助战争掠夺，深化了华尔街对世界金融体系的所有权和主导权。

图片故事：埃塞俄比亚央行的故事（5）输入性通货膨胀的本质与战役条件

输入性通货膨胀并非随意而成，跨国银团单方面实施非常困难，几乎是一个不可能完成的任务。一个正常的主权国家，可以轻易地屏蔽信用符号的过量输入。输入性通货膨胀必须首先建立央行体制，确立三大金融战理论的合法地位。

国家政权是生产关系的上层建筑，央行体制剥夺和控制金融命脉的本质是生产力诸元和上层建筑的殖民化。代理人体制的根本价值是抑制、误导和欺骗爱国主义、民族主义等民族国家的内部积极力量，强化消极力量。19 世纪末，埃塞俄比亚的输入性通货膨胀并非传统的通货膨胀——物少钱多，而是经济殖民化的金融表象。

图为第一次意埃战争后，埃塞俄比亚各界欢庆胜利（图画）。

超级大国苏联的国家安全委员会，即克格勃，被华尔街犹太银团拥有的宣传机器描述为一个恐怖的符号。这个机构的前身是肃反委员会，老契卡集团，早期的契卡领导者都是犹太人，成员有近一半是犹太人。

1897 年，沙皇俄国时期的崩得组织，也就是著名"犹太工人总联盟"由清一色的犹太人构成（注 21）。这在苏联上层形成了山头主义，列宁曾经对崩得分子进行了严肃的批驳（注 22）。

另一个超级大国，美国的第一个情报机构，也叫国家安全委员会。1774年，第一届北美大陆会议任命的第一任主席是罗氏的代理人、犹太银行家约翰·汉考克（注 23）。这个机构的前身是罗氏建立的北美共济会的金融情报组织"自由之子"。

图片故事：埃塞俄比亚央行的故事（6）《埃塞俄比亚国家银行法案》（1906）

埃塞俄比亚央行体制的建立过程，与清朝末年的央行建立过程类似，唯一不同的是埃塞俄比亚是打了"胜仗"。1893 年，埃塞俄比亚把货币发行托管给法兰西银行，确立了埃元体制，或称比尔体制，这是半秘密的协议。1906 年，孟尼里克二世（可能已经被秘密囚禁了）批准了《埃塞俄比亚国家银行法案》（1906）。

图为埃塞俄比亚城堡。据传孟尼里克二世曾在这里指挥战斗（水彩画）。

在美国独立战争中，国家安全委员会演变为大陆军的军事情报机构，负责人是汉密尔顿。第一次独立战争结束后，这个金融情报机构演变为美国财政部·华尔街体系，由曼哈顿公司控制。曼哈顿公司的董事长和财政部长是汉密尔顿。

汉密尔顿父子被枪杀后，几经斗争，华尔街曼哈顿公司由罗氏代理人摩根财团拥有，洛克菲勒财团负责。洛克菲勒家族和罗氏最核心的代理人库恩家族建立的华尔街研发公司衍生出的中情局体系，不过是美国国家安全委员会的历史延续。

图片故事：埃塞俄比亚央行的故事（7）20万法郎

《埃塞俄比亚国家银行法案》（1906）正式建立了埃塞俄比亚央行，即埃塞俄比亚国家银行。注册资本20万金法郎。央行体制的正式确立。

图为1890年意大利情报人员取得的阿杜瓦地区的地形图。该地图的提供者就是罗氏银团的共济会情报人员，这些人是后来埃塞俄比亚央行集团的核心成员。

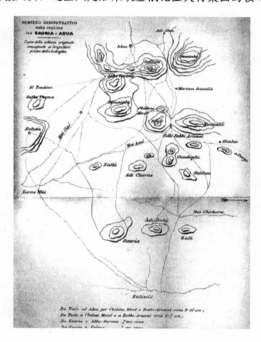

（二）殖民主义与新殖民主义

1．犹太银团的计划

在第一次意埃战争（1895～1896）中，埃塞俄比亚军队的长矛打败了意大利殖民者的步枪，这背后的过程既复杂又简单。19世纪的意大利，苏格兰银团的影响尚未完全清除，苏格兰银团与犹太银团相互握手，却尚未完成必须完成的资本凝结。

意大利的战败，让苏格兰银团和罗氏银团都受到损失。苏格兰银团从此退出了欧洲大陆，而拥有法兰西银行的罗氏银团，却从战略上取得了资本兼并的胜利。

图片故事：埃塞俄比亚央行的故事（8）自己管理自己

罗氏发行埃塞俄比亚货币，根本不需要投入一个金币，也不会有人验资。罗氏开出的信用数字，以埃塞俄比亚人民，包括各阶层的财富和劳动为抵押，以埃塞俄比亚的国家税收为依托，以埃塞俄比亚的司法机构为后盾。独立央行自己监管自己，写下数字就是钱，无所谓资本。罗氏通过债务本位骗局，合法地拥有了埃塞俄比亚的一切。

图为埃塞俄比亚国家银行发行的 5 比尔纸币样张。

埃塞俄比亚的胜利，更是罗思柴德家族的胜利。埃塞俄比亚的货币发行一直控制在德国法兰克福银团手中，19 世纪的埃塞俄比亚属于小农经济和游牧经济的混合体，游牧民和农民不需要多少交易，大多数小额交换属于以物易物。

那时，埃塞俄比亚的货币概念，主要存在于在上层和商业领域。货币的铸造控制在罗氏拥有的维也纳银行手中，流通硬币的标准主要为罗氏银团铸造的泰勒银币。

图片故事：埃塞俄比亚央行的故事（9）局部的单一商品与全部的实体经济

本位骗局是用局部商品描述全部实体经济的做法。这种描述要么来自国际债权人，要么来自某种商品，比如金银等。前者的终点是殖民化，后者的终点是流动紧缩型金融危机。其他任何形式的本币国债本位都是逻辑骗局，都是无法长期的、持续的增加货币供给，那只是一种货币形态的转变，而不是货币总量的增加。

图为埃塞俄比亚国家银行发行的 10 比尔纸币样张。

罗氏必须注入白银，满足埃塞俄比亚的信用供给，但这不是罗氏银团的目的。提供纸币才是骗取无尽财富的源泉，埃塞俄比亚人民并不愚蠢，人们不需要犹太金融僭主笔下的数字。

这就需要一场精心策划的金融热战。

2．金融热战与货币发行权

意大利殖民大军的巨大威胁，让埃塞俄比亚的领导者别无选择。1888年，意大利侵略军悍然入侵厄立特里亚。当时，这是埃塞俄比亚一个比较发达的沿海农垦区。

图片故事：埃塞俄比亚央行的故事（10）金融私有化与委托海外上市的秘密

1906 年 2 月 15 日，埃塞俄比亚国家银行正式建立。罗氏负责埃塞俄比亚的金融私有化和金融股海外上市，股票在巴黎、伦敦、维也纳、纽约等交易所上市。控股者为罗氏缔造的德意志银行和罗氏代理人摩根财团。

图为埃塞俄比亚国家银行发行的 50 比尔纸币样张。

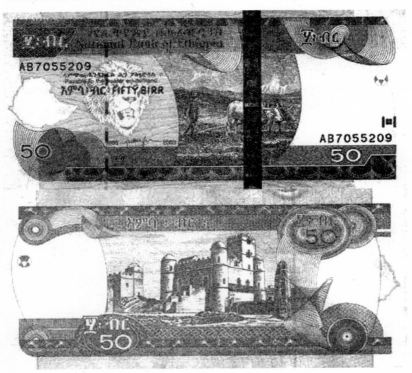

1889 年，意大利殖民者悍然宣布埃塞俄比亚为意大利的"保护国"。埃塞俄比亚面临两个选择，要么投降，要么反抗。埃塞俄比亚人民选择了后者。

决心不等于物质。埃塞俄比亚近乎原始的游牧和小农经济，只能打一场冷兵器时代的战斗。意大利殖民者不光有步枪，而且有现代火炮。埃塞俄比亚皇帝孟尼利克二世，被迫与罗氏银团达成交易，1893 年 2 月 9 日，孟尼利克二世授权法兰西银行发行埃塞俄比亚元。

图片故事：埃塞俄比亚央行的故事（11）《埃塞俄比亚央行法案》（1943）

1943 年 4 月 15 日，埃塞俄比亚通过《埃塞俄比亚央行法案》（1943）赋予了该行更多权力，全面托管了埃塞俄比亚的金融、国库、货币、外债、储备，并监管税收和预算。该法案巩固了埃塞俄比亚的央行体制和债务货币体制，把埃塞俄比亚拖入抵押国债换取信用符号的债务泥潭。

图为埃塞俄比亚国家银行发行的 100 比尔纸币样张。

埃塞俄比亚的货币发行权通过一纸标价 20 万法郎的特许状，到了罗思柴尔德家族的手中。罗思柴尔德家族拥有的法国巴黎铸币厂负责铸币，名义上的铸币，实际为印刷纸币。

第一次意埃战争之后，意大利给埃塞俄比亚的战争赔款高达 1000 万意大利里拉。这笔巨款，又变成了罗氏控制意大利政府的债权以及埃塞俄比亚政府抵押给罗氏银团换取埃元发行的特别国债抵押款。这就是债务货币骗局。

图片故事：埃塞俄比亚央行的故事（12）一字之差的金融含义

1963 年，埃塞俄比亚国家银行（The State Bank of Ethiopia）更名为埃塞俄比亚国家银行（The National Bank of Ethiopia）。中文看起来没区别，"State"在美国有州的意思，"National"有全国的意思。大抵为了明确央行的全国地位。

图为埃塞俄比亚的非洲大厦，现在是联合国会议中心，非洲联盟组织的所在地。

3．长矛战胜了步枪

作为回报，埃塞俄比亚政府得到了一些步枪和重要情报。1895 年，意大利军队侵入埃塞俄比亚，反侵略战争爆发。埃塞俄比亚人民有了罗思柴尔德家族的外援、共济会的情报，可能还包括意大利军队上层某些共济会成员的配合，取得了一系列奇迹般的军事胜利。

在 1896 年 3 月的阿杜瓦战役中，意大利侵略军的精锐部队被全歼。意大利殖民武装的精锐，近 2 万人的重兵集团几乎全军覆没。7000 余人被打死，近 2000 人被击伤，3000 余人缴械投降（注 24）。余者溃散，失踪。埃塞俄比亚牺牲了 5000 名长矛手。埃塞俄比亚军队中，装备了罗氏提供的步枪，还有少量速射炮和罗氏雇佣的沙俄炮手。

图片故事：埃塞俄比亚央行的故事（13）始作俑者之一：奥斯特·巴瑞特瑞

图为奥斯特·巴瑞特瑞（1841～1901），此人是第一次意埃战争中的意大利方面的司令官。他不仅是犹太共济会成员，而且是罗氏维也纳银行在意大利的金融代理人，他本人也是犹太银行家。

4．战争与和平

意大利的军队上层，很多都是共济会成员，意大利远征军中的侵略者死得并不冤枉，但很糊涂。罗氏银团同时资助了战争双方，战后一举控制了意大利和埃塞俄比亚。

这场"和平"维持到了1936年。那时，罗氏银团开始了另一次更大规模的金融战役——第二次世界大战。埃塞俄比亚央行在第二次世界大战期间，同样是埃塞俄比亚的金融霸主，没有受到丝毫冲击。

图片故事：埃塞俄比亚央行的故事（14）司令官之死

第一次意埃战争后，意大利舆论哗然。1896 年，奥斯特·巴瑞特瑞被送上军事法庭，但被宣判无罪。1897 年退役后，他立刻到了维也纳。

此后，他不断变换住址，可能面临某种莫名的威胁。这种威胁也许真的存在，1901 年 8 月 7 日，他在意大利和奥地利的边境小镇斯特林神秘暴毙。

图为埃塞俄比亚田园风光。"埃塞俄比亚全国有 80 多个民族，人口近 6000 万。全国居民 45%信奉伊斯兰教，40%信奉埃塞正教"（注 25）。如果没有新旧殖民主义的掠夺，这里何尝不是一片令人羡慕的人间乐土。

5．金融主义时代的序曲与准绳

从传统意义上来说，在第一次意埃战争中，埃塞俄比亚取得了长矛对步枪的胜利。从金融战役的角度来看，这是新殖民主义战胜了旧殖民主义，金融僭主打败了资产阶级，金融主义替代了传统的资本主义。

埃塞俄比亚和意大利都是输家，输了一切的输家。

图片故事：跨过长矛与步枪的金融热战

（一）长矛与步枪的时代

长矛和步枪都有过无比风光的岁月。至今，它们依然是令人胆寒的武器。史书记载了搏杀的胜负，却很少去描述思想的胜负和金融的得失。金融冷战和金融热战的搏杀，丝毫不逊于面对面的白刃战。

金融战役的搏杀也许更加可怕和凶险。跨国垄断金融资本无所谓祖国、无所谓民族、无所谓道德、无所谓廉耻、无所谓亲情、无所谓信誉。一切都是资本的策略和资本的本能。金融僭主本人也无法逃脱资本怪物的控制。

（二）金融主义时代

7世纪以后，欧亚地区兴起的共济会银团，以魔鬼崇拜和跨国金融情报组织为特征，深刻地左右着欧洲的历史进程。工业革命的动力和殖民主义的掠夺，让共济会银团达成了更高水平的资本凝结，出现了全球金融僭主世袭家天下体系。这一体系，并非必然是某一个人或某一个家族。罗氏脱颖而出，成为犹太金融僭主。

金融僭主缔造的各国央行金融情报组织和以"自由选举、选举捐助"为特征的跨国金融代理人体制，终结了资本主义的自由竞争、市场经济和大资本家轮流执政的可能性，把人类社会带入了一个胜负难判、敌我不分、僭主独裁的金融主义新时代。

（三）凋零的资本之树

金融主义时代的新殖民主义与旧殖民主义相比，没有任何本质的不同。

更加险恶和难测的是：金融僭主不需要从事生产，就能获得虚拟利润，金融僭主甚至不依赖资产阶级的阶级独立性和私有制。

金融主义时代，没有资本主义树苗成长为参天大树的可能，资本主义森林早已凋零，跨国金融僭主世袭家天下体制正逐渐走向私有制的反面。

（四）不该忘却的记忆

上图是以第一次意埃战争中，埃塞俄比亚人民取得决定性军事胜利的阿杜瓦大捷为内容的毛毯图案。这是非洲人民反对殖民主义的伟大胜利和不朽的骄傲，人们在探究其背后复杂的金融战阴谋的同时，不该忘记埃塞俄比亚人民的无畏和爱国者的热血。

注　释

1. 埃塞俄比亚概况.新华网刊载：
   http://news.xinhuanet.com/ziliao/2002-06/19/content_447655.htm
   包括：注2、注3、注13
2. 同注1
3. 同注1
4. 非洲概况.新华网刊载：
   http://news.xinhuanet.com/ziliao/2003-11/24/content_1195651.htm
5. 目前非洲大陆人口总数已达9.24亿.新华网刊载：
   http://news.xinhuanet.com/newscenter/2007-12/11/content_7231236.htm
6. 南唐.非洲和西方谁欠谁的债.北京：中国青年报.2000，1，27（国际版）
7. （美）雅什·喀伊.统一与民族·部落间的沟通与索赔.纽约：剑桥大学出版社（美国分部）.2000（第176页）
8. 埃塞俄比亚军队梦碎上甘岭.北青网刊载：http://zxss.ynet.com/article.jsp?oid=9435663
9. （德）威廉·恩道尔."埃及革命"与美国"大中东战略".乌有之乡网站刊载：

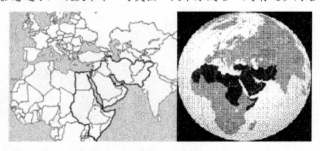

http://www.wyzxsx.com/Article/Class20/201102/215102.html

10. 萨苏.非洲末代皇帝雄狮陌路·尸骨埋在政变者办公桌下.中国经济网刊载：
    http://big5.ce.cn/culture/people/200609/01/t20060901_8375120.shtml

11. 刚果共和国概况.新华网刊载：http://news.xinhuanet.com/ziliao/2002-06/19/ content_
    447366.htm

12. 同注 1

13. 全球绿盟首页新闻刊载：http://www.globalgreens.org/

14. 全球生态宪章（2001）.全球绿盟·信息网刊载：
    http://www.globalgreens.info/globalcharter.html

15. 李爱华，卢少军.非洲的社会主义为什么不成功.北京：当代世界与社会主义.2003
    年，第 1 期（双月刊）

16. 列宁著，中共中央马克思恩格斯列宁斯大林著作编译局译.列宁全集·机会主义与第
    二国际的破产（1915）.北京：人民出版社.1990 （第 27 卷，第 102～116 页为第一
    稿；第 117～130 页为第二稿）

17. 许钦铎，杨光.反美书籍在美国卖疯了 左翼学者借机翻身.中国网刊载：
    http://www.china.com.cn/world/txt/2006-10/09/content_7224864.htm

18. （中国香港）周保松.左右为难的"新左派"乔姆斯基.雅虎新闻刊载：
    http://cul.cn.yahoo.com/ypen/20100910/20413.html

19. 单桂志编译.首款性爱机器人问世·有真人般细腻皮肤.新华网刊载：
    http://news.xinhuanet.com/it/2010-01/12/content_12795885.htm

20. 埃塞俄比亚国家银行网站首页截图：http://www.nbe.gov.et/

21. （英）克里斯托弗·安德鲁，（俄、英）奥列格·戈尔季耶夫斯基编著，王铭玉等译.
    克格勃全史.哈尔滨：黑龙江人民出版社.1998

22. 列宁著，中共中央马克思恩格斯列宁斯大林著作编译局译.列宁全集第 7 卷·"就崩
    得代表关于党章讨论程序的提案进行辩论的笔记"（第 409 页）.北京：人民出版
    社.1990
    小注：列宁在笔记第三条里辛辣地写下了对崩得分子的评价："前所未闻的提案，
    部分先于整体，这令人可笑，更加令人可恶"。根据原书本页注释①列宁把"可笑"
    删掉了。这仅仅举例，列宁在这段时间已经把"崩得分子"在笔记中单独记录，
    还记录了崩得分子不满，而脱离会议的记录，与本书无关就不引用了。

23. 江晓美.（金融刺客系列）开国的苦斗——美国金融战役史.北京：中国科学技术出
    版社.2009

24. 埃塞俄比亚百科全书·第 1 卷.德国：黑森图书.2003 （第 108 页）

25. 赵章云.埃塞俄比亚印象.人民网刊载：
    http://www.people.com.cn/GB/tupian/1098/2608005.html

文献标注仅为背景介绍，诸多索引未及罗列，特此致谢。本书索引僻文献较多，
很多来自电子图书。电子版图书制作过程中，有时页码与纸书稍有出入。为了可靠起
见，除了可以确认纸书页码的文献和重要文献，均不标注页码。

晓美工作室 2011 年 8 月 北京